Werner Bergmann

Die Geschichte machen

Helden und Schurken im Ruhrgebiet

von anno dazumal bis heute

Henselowsky
Boschmann

Werner Bergmann
Jahrgang 1946, Studium der Geschichte und Mathematik; Promotion und Habilitation in Mittelalterlicher Geschichte und Historischen Hilfswissenschaften; akademische Lehrtätigkeit an der Ruhr-Universität Bochum, der TU Braunschweig, an den Universitäten Rostock, Hamburg sowie Potsdam; apl. Professur, zahlreiche Publikationen und Quelleneditionen zur mittelalterlichen und frühneuzeitlichen Geschichte. Im Verlag Henselowsky Boschmann wurde von Werner Bergmann herausgegeben: „Johannes Gigas, Neue Beschreibung des Erzbistums Köln und seiner angrenzenden Gebiete. Der erste Atlas von Nordrhein-Westfalen. 7 Karten und 9 Stadtansichten aus dem Jahre 1620"; er ist Verfasser der ebenfalls im Verlag Henselowsky Boschmann erschienenen Bücher „Geschichten zwischen Pott und Deckel. Vom Essen und Trinken nicht nur im Revier nebst 30 fast vergessenen Rezepten aus dem Ruhrpott einfach gekocht", weiterhin „Unser aller Heiligen. Als der Himmel über dem Revier noch bevölkert war" sowie „Geschichte und Quellen der Deutschordenskommenden im Ruhrgebiet am Beispiel der Deutschordenskommende Welheim. Von den Anfängen bis zum Vorabend der Reformation". Und im Jahre 2020 erschien: „Bruchrechnen im Mittelalter. Der ursprüngliche Calculus des Victorius von Aquitanien und die Kreisberechnung in der römischen Antike und im Mittelalter".

Boschmann und Bunpanya-Boschmann GbR
Schützenstraße 31 · 46236 Bottrop
post@vonneruhr.de · www.vonneruhr.de
2. Auflage 2020
ISBN 978-3-942094-96-2
Druck: Friedrich Pustet GmbH & Co. KG, Regensburg

Werner Bergmann

Die Geschichte machen

Helden und Schurken im Ruhrgebiet von anno dazumal bis heute

Henselowsky Boschmann

Verlassen wir die Ecke, in die wir lange Zeit gestellt wurden!

Sie wussten natürlich schon immer, dass das Ruhrgebiet mehr war und ist als Menschen, Maloche, Maschinen, Industrieanlagen, Dreck und Staub. Doch jetzt ist die Kohle weg, manche Industrieanlage rostet zwischen Freizeitpark und Museumsstück einsam vor sich hin, und „Glück auf!" ist bald Vergangenheit. – War das alles? Oder gab und gibt es Menschen im Revier, die für die Region Hervorragendes geleistet oder auch Fürchterliches angerichtet haben?

Wussten Sie, dass ein gebürtiger Flame weitab vom Meer mitten im Pott die Navigation auf dem Meere revolutioniert hat? Dass ein Spanier unsere Region verbrannt und ausgeplündert hat?

Was Sie auf den folgenden Seiten erfahren, reicht zwar nicht für das allseits beliebte Fernsehquiz „Wer weiß denn so was?", aber es wirft – sicherlich zum Teil unerwartete – Schlaglichter auf die Geschichte des Reviers und die Persönlichkeiten, die diese mitgestaltet haben. Und zwar nicht nur Leute, die tiefe Löcher in die Erde gebuddelt, die schwarzes Gold daraus gefördert und Kohle mit Kohle gemacht haben. Es sind auch solche, welche die englische Königskrone zeitweilig in Besitz hatten, den Reiseführer erfunden und das Leben der Hausfrauen erleichtert haben. Des Weiteren sind es starke Frauen, welche die Jungs dazu brachten, den Römern aufs Maul zu hauen, welche die ersten Straßen im Revier bauen ließen und klotzig damit verdienten; aber auch solche, die mit mehr oder weniger starker Hand die im Entstehen begriffene Eisenindustrie auf Vordermann brachten.

Insgesamt wird ein Kaleidoskop von Gestaltern, Tüftlern, Kapitalisten, Kulturschaffenden, aber auch Opfern und Verlierern aus allen Epochen des Reviers im historischen Kontext vorgestellt. Dabei ist es unerheblich, ob sie dies als „Eingeborene“ oder als von außen Hinzugekommene geleistet haben.

Gerade in letzter Zeit ist bundesweit „die Heimat“ wieder in den Mittelpunkt des politischen und allgemeinen Interesses gerückt worden. Deutschland hat seitdem – wie andere Staaten seit langem – einen Heimatminister.

Verlassen wir also die Ecke, in die wir lange Zeit gestellt wurden, und zeigen wir dem Bayer, was unsere Heimat – das Revier – vor allen anderen Regionen der Republik auszeichnet. Die folgenden Seiten leisten dazu einen kleinen Beitrag.

Glück auf!
Werner Bergmann

Die Geschichte machen

Was wäre ein Feldherr ohne Soldaten?
Es sind herausragende Individuen, Persönlichkeiten, Kaiser, Könige oder Vertreter von Religionen, die gemeinhin unsere Betrachtungsweise der Geschichte bestimmen. Wir haben uns daran gewöhnt, diese nach Reichen, Dynastien, Religionen und Ähnlichem zu strukturieren, in Zeitalter aufzuteilen und nach Regionen, Ländern oder gar Erdteilen zu sortieren.

Man ist es gewohnt, überwiegend den Blick auf solche Personen zu richten, die ihre Spuren in der Historie hinterlassen und Außergewöhnliches geleistet haben, und es wird vielfach nur marginal darauf geachtet, dass deren Taten ohne die vielen anderen, die namenlos im Dunkel der Zeiten verblieben sind, nicht möglich gewesen wären. Was wäre ein Feldherr ohne Soldaten, ein König ohne Untertanen, ein Fabrikbesitzer ohne Arbeiter?

Biographische Blitzlichter
Dass hier es dennoch unternommen wird, mit Hilfe von gleichsam biographischen Blitzlichtern sich der Geschichte einer Region – des Ruhrgebietes – zu nähern, ist der Tatsache geschuldet, dass eine hinreichend genaue Darstellung nicht nur viele tausend Seiten füllen würde, sondern auch die Schaffenskraft eines Einzelnen übersteigen würde, füllt die wissenschaftliche Literatur mittlerweile schon ganze Bibliotheken. Insofern mag es erlaubt sein, die Entwicklung des Reviers, dessen Geschichte verschiedentlich erst mit dem Beginn der Industrialisierung in den Fokus gerückt wurde, über die Zeitläufe anhand von

ausgewählten Persönlichkeiten, „die Geschichte machen", zu konturieren, vergleichbar vielleicht mit einem Spinnennetz, das zu 98 Prozent aus Zwischenräumen besteht, aber dennoch eine Gesamtform bildet.

Die 2. Liga und nicht ausschließlich „Ruhrgebietler"
Dabei wurde bewusst darauf verzichtet, erneut die „ganz Großen" des Ruhrgebietes aufzunehmen, die gleichsam als Gründerväter (Mütter hat es wohl nur wenige gegeben) anzusehen sind und über die eine Fülle von Literatur existiert, die deren Lebenswerk und deren Verdienste um das Revier würdigt. Er werden hier auch nicht ausschließlich „eingeborene" Ruhrgebietler vorgestellt, sondern Persönlichkeiten, die etwas in der Geschichte des Reviers bewirkt und so in den Rahmen der Ruhrgebietsgeschichte gestellt werden können. In der Fußballersprache würde man diese als die 2. Liga bezeichnen, deren besondere Bedeutung in ihrem Wirken vor Ort herausragt.

Von anno dazumal bis heute
Es soll deutlich werden, dass die Geschichte des Reviers nicht erst mit der Industrialisierung begonnen hat, sondern dass das Ruhrgebiet spätestens seit dem Mittelalter eine bedeutsame Geschichte aufweist. Könige und Kaiser dieser Zeit haben annähernd regelmäßig Dortmund aufgesucht und Duisburg, das sogar eine Königspfalz besaß; sie waren in Essen, in dem die hochadeligen Damen des Herrscherumfeldes residierten; und die Kirche hat seit der Missionierung des Raumes bedeutsame Klöster wie das in Werden und die der Zisterzienserinnen in Sterkrade und Duissern gegründet. Ja, selbst die Ordensritter des Deutschen Ordens und der Johanniter haben sich im 13. Jahrhundert bevorzugt in unserer Region niedergelassen,

so in Duisburg, Welheim und Brackel, und die Kölner Erzbischöfe haben mit der mehr oder weniger friedlichen Übernahme des Vestes Recklinghausen die Bedeutung dieses Landstriches erkannt.

Insofern war es geboten, die einzelnen Personen so auszuwählen, dass zumindest punktuell der gesamte Zeitraum von der Antike bis auf unsere Tage abgedeckt ist, natürlich mit einem Schwerpunkt auf dem Beginn von Kohle und Stahl. Weiterhin sollte das Kaleidoskop historischen Geschehens von der Ereignis-, Kultur- und Sozialgeschichte zumindest in Ansätzen Berücksichtigung finden, um deutlich werden zu lassen, dass nicht nur „Maloche" und „Rabotti" das Revier kennzeichnen.

Die „kleinen Leute" kommen zu kurz

Ein Defizit lässt sich bei dem Vorhaben, eine Skizze der Reviergeschichte anhand von Biografien zu erstellen, aber nicht vermeiden: Die Lebensgeschichten, das Schicksal und die Mühen der vielen „kleinen Leute", die mit ihrer Hände Arbeit erst die „großen Dinge" möglich gemacht haben, sie kommen schlicht zu kurz, weil sie zum einen überwiegend keine schriftlichen Spuren in der Historie hinterlassen haben, auf die der Historiker in der Regel angewiesen ist, zum anderen weil deren Sorge um Leben, Familie und Auskommen weitgehend dem Dunkel der Geschichte anheimgefallen ist.

Als die Fakultät für Geschichtswissenschaft der jungen Ruhr-Universität Bochum es unternahm, eine Ausstellung „Vergessene Zeiten. Mittelalter im Ruhrgebiet" zu erstellen, kam auch die Frage nach „den kleinen Leuten" auf, und man konnte nichts anderes tun, als deren Arbeitsgeräte und einen Behälter mit Ackererde zu zeigen. Wenn dies durch die Forschungen der letzten Jahrzehnte für die Neuzeit auch etwas positiver aussieht, so ist doch die Lebensgeschichte eines Einzelnen kaum oder wenig bekannt.

Vernichtung von Existenzen

Die kurz vor der Wende zum 20. Jahrhundert Geborenen erlebten die Massaker des Ersten Weltkrieges, den Hungerwinter 1916/17, und wenn sie den Krieg überlebten und nicht der Krüppelfürsorge anheimfielen, vernichtete die Inflation von 1923 ihre Spargroschen, und sie mussten im fünften Jahrzehnt ihres Lebens den Zweiten Weltkrieg mit der weitgehenden Zerstörung des Ruhrgebietes erleben. Ihre Kinder, die zu Anfang der 1920er Jahre geboren wurden, wuchsen unter der Gewaltherrschaft der Nazis heran, nach Arbeits- und Wehrdienst mussten sie in den Zweiten Weltkrieg ziehen und standen zurückgekehrt vor den Trümmern ihrer Existenz. Erst mit den 1950er Jahren besserten sich die Lebensumstände, so dass man in Folge des Wirtschaftswunders – dann schon im vierten Jahrzehnt des Lebens erstmalig – zum Beispiel an einen Urlaubsaufenthalt denken konnte.

Die Auswirkungen kriegerischer Ereignisse lassen sich durchgängig für die Reviergeschichte dokumentieren, so dass es bis auf die unsere kaum eine Generation gegeben hat, die in ihrem Leben keine kriegsbedingten Notzeiten erlebt hat. Besonders die Zeit des 16. und 17. Jahrhunderts war angefüllt mit Kriegen um die Religion, so der Achtzigjährige und der Dreißigjährige Krieg. Es folgten die Auseinandersetzungen der absolutistischen Herrscher bis hin zu den Eroberungszügen eines Napoleon Bonaparte und schließlich den Befreiungskriegen.

Die Angliederung an Preußen im Zuge der Regelungen des Wiener Kongresses und die Industrialisierung ließen aus dem ländlich geprägten Raum mit den Städten Essen,

Duisburg, Recklinghausen und Dortmund erst den Ballungsraum Ruhrgebiet entstehen, nicht zuletzt durch den massenhaften Zuzug von dringend benötigten Arbeitskräften aus dem Osten des Reiches. Damit wurde die Region zum potenten Wirtschaftszentrum mit Kohle und Stahl, das 1923 als „produktives Pfand" von belgischen und französischen Truppen zeitweilig besetzt wurde. Es war die Gegend, die für das wirtschaftliche Gedeihen unerlässlich war, die man aber tunlichst mied, da der Himmel dort niemals blau wurde und die Briketts durch die Luft flogen.

Die alten Vorurteile werden langsam abgebaut

Erst in unseren Tagen nach dem weitgehenden Ende von Stahl und dem endgültigen Ende der Kohleförderung sowie der Errichtung der Bildungslandschaft Ruhrgebiet werden die alten Vorurteile langsam abgebaut, und unsere Region wird hin und wieder eine Reise wert, auf der man die Industriedenkmale bestaunt, die an die vergangenen Zeiten erinnern. Es ist also an der Zeit, deutlich werden zu lassen, dass die Bedeutung des Ruhrpotts nicht allein in der Schwerindustrie gelegen hat, sondern dieser Kulturraum an Emscher und Ruhr auf eine jahrhundertelange Geschichte zurückblicken kann.

Unterhaltsamer Zugang zur Geschichte

Das vorliegende Buch unternimmt es, anhand von Kurzbiografien von Helden und Schurken aus allen Epochen der Geschichte des Ruhrgebietes einen ersten möglichst unterhaltsamen Zugang zu schaffen. Dabei wird es tunlichst vermieden, in das Genre der Geschichtsdarstellung zu verfallen, so dass die ereignisgeschichtlichen Fakten sowie die zum Verständnis möglicherweise notwendigen

Daten in einem Anhang zusammengefasst werden, den man zu Hilfe nehmen kann, aber nicht notwendigerweise nehmen muss. Die einzelnen Biografien sind in sich abgeschlossen und bauen nicht aufeinander auf, so dass man an beliebiger Stelle lesen und die „historisch-biographische Kost“ gleichsam häppchenweise genießen kann, wobei es unerheblich ist, ob man mit dem „Nachtisch“ oder ob man mit der „Vorspeise“ beginnt.

1. Vom Urschleim bis zur Reformation

Veleda
Pythia unserer Urgroßväter

Gemeinhin wird der Germanenstamm der Brukterer in der Antike als zwischen den Flüssen Lippe und Ruhr beheimatet angesehen. Dort sind sie bis ins frühe Mittelalter belegt, bis ein Teil in den Franken aufgeht, die den Rhein überschreiten und auf ehemaligem römischem Reichsgebiet die Herrschaft der Merowinger begründen. Die Restlichen verblieben in ihren angestammten Siedlungsgebieten, in denen sie von den „Sachsen", die wiederum Karl der Große dreißig Jahre lang bekriegte, okkupiert wurden. Manche sehen sie allerdings auch in dieses Gebiet zugereist, das sie erst zur Wende zum 2. Jahrhundert besiedelt haben, da sie – wie Tacitus in seinen Historien berichtet – erst zwischen Ems und Lippe ihre Wohnsitze hatten. Der Römer scheint sich aber auch nicht sicher, versieht er doch diese Information mit einem „narratur" (man erzählt). Somit hätten auch unsere Urväter einen Migrationshintergrund.

Wie dem auch sei, wir erfahren vornehmlich von Tacitus einiges über die Brukterer. Sie waren an der berühmten Schlacht im Teutoburger Wald beteiligt und werden bei den Germanenzügen diverser römischer Feldherren immer wieder erwähnt. Aber dies geschieht immer nur gleichsam anonym. Denn namentlich greifbare Personen sind nur wenige überliefert, darunter sehr wenige Frauen, wenn man vielleicht von Tusnelda, der Ehefrau Hermanns des Cheruskers, absieht; die hatte ihren Hermann so sehr unter den Pantoffeln, dass deren Name synonym als abfällige Bezeichnung für eine Frau bis in unsere Zeit genutzt und schließlich zu „Tussy" wurde.

Frauen waren aber bei den Germanen durchaus angesehen und griffen auch schon mal zur Waffe, wenn in der Schlacht „Not am Mann“ war, und der Rat der weisen Frauen wurde durchaus akzeptiert.

Eine solche war Veleda, über die Tacitus mehrfach zum Teil ausführlich berichtet. Sie war eine „hochgewachsene junge Frau“ aus dem Stamme der Brukterer, eine „Seherin“, die in einem Turm nahe der Lippe wohnte und durch ihre Prophezeiungen nicht nur für ihr Stammesgebiet erhebliche Bedeutung erlangte.

Veledas große Stunde kam, als nach Neros Selbstmord sich vier Protagonisten um dessen Nachfolge bemühten und gegenseitig bekämpften. Der Kohortenführer einer römischen Hilfstruppe namens Julius Civilis (mit einer vergleichbaren Karriere wie ein halbes Jahrhundert zuvor Arminius, da die Römer ihre Kriege gern von Nichtrömern führen ließen) nutzte die Gunst der Stunde und zettelte einen Aufstand an, der als Bataveraufstand in die Geschichte eingegangen ist. Unterstützung erhielt er vornehmlich von den rechtsrheinischen Brukterern, im Wesentlichen deswegen, weil die Seherin Veleda den Sieg über die Römer prophezeit hatte.

Anders als Arminius, der die Legionäre des Varus in den Wäldern dezimiert hatte, griffen die Aufständischen durchaus erfolgreich die linksrheinischen Legionslager an, eroberten die von Xanten (Vetera Castra), Krefeld-Gellep bis Neuss, und sogar ein Teil der römischen Rheinflotte fiel in ihre Hände. Anscheinend aus Dankbarkeit schickten sie den gefangen genommenen Legaten der XV. Legion, Munius Lupercus, zu Veleda, der aber auf dem Weg dorthin einen Kopf kürzer gemacht wurde, außerdem eines der erbeuteten Kriegsschiffe (eine Triere) als Geschenk für die kluge Frau, das dann die Lippe hinauffuhr.

Vespasian bereitete mit einem massiven Militäreinsatz dem Spuk schließlich ein Ende, war aber wohl gezwungen, Frieden zu schließen, bei dessen Aushandlung die gute Veleda eine bedeutende Rolle gespielt haben muss. Petilius Cerealis, Führer der römischen Truppen, setzte sich mit des Dame in Verbindung, um sie dahingehend zu bewegen, ihren Einfluss geltend zu machen, um das Blutvergießen zu beenden. Veleda scheint auf diese Anfrage eingegangen zu sein, denn wenig später wurde der Aufstand beendet.

Da unglücklicherweise hier der Bericht in den Historien des Tacitus abbricht und man am Anfang des 20. Jahrhunderts in Italien eine griechische Inschrift gefunden hat, die sich wohl auf die Seherin („Veleda, … die lange Jungfrau, … die die Rheinwassertrinker verehren") bezieht, hat das germanenbegeisterte Deutschland vornehmlich in den 80er Jahren des 19. Jahrhunderts sie zu einer germanischen Heroin befördert, die nicht nur mit dem römischen Kaiser maßgeblich verhandelt haben, sondern auch zu dessen Ratgeberin avanciert sein soll. Unser Informant Tacitus ist da wesentlich vorsichtiger und bezeichnet sie als „sanctum aliquid providum" (herausragend und in die Zukunft schauend) und fährt sinngemäß fort, dass Veleda zur Zeit Vespasians lange Zeit bei sehr vielen als höheres Wesen galt. Dies mag auch daran gelegen haben, dass sie nur über Mittelspersonen die Anfragen entgegennahm und ihre entsprechenden Prophezeiungen verkünden ließ, ganz so wie die Damen des Orakels von Delphi.

Ob Veleda nun wirklich nach Rom gelangt ist, als Gefangene oder als gewünschte Ratgeberin, ist wohl nicht abschließend zu beantworten.

Die Brüder Ewald
Mission impossible

Das seit dem 4. Jahrhundert christliche Römische Reich und später auch dessen Erbe, das Reich der Franken, endeten am Rhein, der auch bis ins frühe Mittelalter die Grenze zwischen Heiden- und Christentum darstellte.

Angelsächsische und iroschottische Mönche machten es sich seit dem Ende des 7. Jahrhunderts zur Aufgabe, die Heiden östlich des Rheins zu missionieren, meist im Nachgang fränkischer Militäraktionen in diesen Gebieten. Unter diesen ragen Bonifatius und Willibrord heraus, die sich zunächst vorgenommen hatten, die Friesen zu bekehren. Ausgangspunkt ihrer Aktivitäten waren von ihnen gegründete Klöster, zum einen Fulda und zum anderen Echternach. Bonifatius wurde berühmt, weil er – tatsächlich oder auch angeblich – persönlich die Donareiche fällte und so zum Apostel Germaniens avancierte; Willibrord wird heute noch in seltsamer Weise verehrt, in der Echternacher Springprozession, bei der die Gläubigen hüpfend zu seinem Grab pilgern.

Willibrord hat seine Missionierung mit einer Gruppe von elf Mitstreitern durchgeführt; von denen sind drei namentlich bekannt, weil schriftliche Quellen von ihrem Wirken berichten: zum einen von Suitbert und zum anderen vom schwarzen und dem weißen Ewald, so benannt nach ihrer Haarfarbe.

Suitbert gründete als Ausgangspunkt seiner Mission ein Kloster auf der damaligen Rheininsel Kaiserswerth, von wo er seine Missionierung organisierte. Seine Männer an der Missionsfront waren die beiden Ewalde, die östlich des Rheins bei den Brukterern missionierten. Der berühmte

Beda Venerabilis – gleichsam ein Zeitzeuge – berichtete in seiner Kirchengeschichte ausführlich über die Ereignisse. Demnach wandten sich diese, im Missionsgebiet angekommen, an einen Dorfvorsteher mit der Bitte, zu dessen Fürsten gebracht zu werden. Zwar wurden die beiden gastfreundlich aufgenommen, es fiel aber auf, in welcher Absicht sie gekommen waren, und um zu verhindern, dass der Fürst möglicherweise den althergebrachten Göttern abschwor, wurden die beiden kurzerhand von den Dorfbewohnern getötet, der weiße Ewald mit dem Schwert, der schwarze erst nach grausamen Foltern. Die Leichname der beiden warf man kurzerhand in den Rhein, wo diese unter einer Lichterscheinung 40 000 Schritt (also gut 25 Kilometer) flussaufwärts trieben bis in die Gegend, in der sich ihre Gefährten aufhielten. An der Stelle ihres Martyriums entsprang eine ergiebige Quelle, die einen wasserreichen Fluss bildete.

Dieser Bericht und die weiteren Angaben Bedas wurden schon bald so interpretiert, dass die Leichname der Märtyrer nach Kaiserswerth gelangten und dort zunächst beigesetzt wurden. Die Quelle und der daraus entstandene Fluss konnte somit nur die Emscher sein, da die Distanz zwischen der Emschermündung und dem Kloster Suitberts in etwa diese Entfernung ausmacht. Folglich verlegte man den Ort des Todes der beiden Ewalde in Richtung Emscherquelle nach Aplerbeck (Dortmund). Da es wenig wahrscheinlich war, dass man die Leichname von dort bis an den Rhein geschleppt hatte, änderte man die Legende dahingehend, dass sie in die Emscher geworfen wurden und dann erst den Rhein hinauf schwammen. Danach folgte man wieder dem Bericht in der Kirchengeschichte, allerdings mit einer Namensänderung. Anstelle des dort genannten Adeligen namens Tilmon setzte man Suitbert, der die Leichname aufgrund einer Vision und der Lichterscheinung fand und in der Klosterkirche beisetzte.

Als der Hausmeier, Pippin der Mittlere, davon erfuhr, ließ er die Überreste der beiden Ewalde in der Kirche des heiligen Kuniberts in einem Schrein bestatten und fortan als heilige Märtyrer verehren. Knapp vier Jahrhunderte später erhob sie der Kölner Erzbischof Anno II. zur Ehre der Altäre.

Das Bemühen der Brüder Ewald, unsere Vorfahren zum Christentum zu bekehren, schlug also beim ersten Versuch gründlich fehl, und sie bezahlten dieses mit ihrem Leben, eine echte „Mission impossible". Es dauerte noch bis zu den Sachsenkriegen Karls des Großen, ehe man die Region mit Feuer und Schwert missionieren konnte.

Die Protagonisten dieses Missionsplans, Willibrord und Suitbert, zogen sich im Alter in ihre Klöster zurück, mieden diese unsere Gegend und starben ebendort friedlich im Greisenalter in ihren Betten.

Selbst der große Bonifatius, der an vielen Orten östlich des Rheins missioniert und das Christentum in die Seelen der Menschen eingepflanzt hatte, wenn auch verschiedentlich mit Hilfe von bewaffneten Scharen, machte stets einen großen Bogen um die Region, aus der später das Ruhrgebiet erwuchs. Er hatte seine Missionstätigkeit mit dem vergeblichen Versuch begonnen, die Friesen zu bekehren, die Donareiche fällte er in Hessen, wo er auch sein Kloster gründete. In hohem Alter unternahm er einen zweiten Versuch bei den widerspenstigen Friesen mit dem Erfolg, dass diese den alten Mann erschlugen und er so die Krone des Märtyrertums erwarb.

Das Erzbistum Köln und das Bistum Essen bewahren das Andenken und die Verehrung des schwarzen und des weißen Ewalds, der Glaubensmänner, die den vergeblichen

Versuch unternommen hatten, den Menschen zwischen Lippe und Ruhr den christlichen Glauben zu vermitteln.

Bonifatius wurde erst im 19. Jahrhundert zum großen Glaubensbringer hochstilisiert, als man im Zuge der Bestrebungen zur Reichsgründung gleichsam nach einem „Nationalheiligen" suchte. Seit dieser Zeit treffen sich die deutschen Bischöfe einmal im Jahr in Fulda. Die beiden Ewalde hingegen blieben, was sie waren: die ersten Missionare im Ruhrgebiet, in dem man nach ihnen Kirchen benannte und ihnen in Aplerbeck ein Denkmal setzte.

Liudger
Erster Bischof der Ruhrregion

Der Friese Liudger, aus der Utrechter Gegend stammend, institutionalisierte das Christentum in unserer Region zur Zeit der karolingischen Herrscher, indem er das Bistum Münster und das Kloster Werden gründete. Das Bistum, dessen erster Bischof er wurde, erstreckte sich bis südlich der Ruhr und umfasste bis in unsere Zeit, das heißt bis zur Gründung des Ruhrbistums Essen 1957, das gesamte Ruhrgebiet mit Ausnahme der Stadt Dortmund, die zum Bistum Paderborn gehörte, das bereits 799 durch Karl den Großen und Papst Leo III. begründet worden war. Liudger besaß zwischen Lippe und Ruhr hinreichende Güter, so dass er seine Klostergründung um die Wende zum 9. Jahrhundert mit genug Grundbesitz ausstatten konnte.

In den folgenden Jahrzehnten vergrößerte sich die wirtschaftliche Basis des Klosters Werden nicht unerheblich, vornehmlich durch Schenkungen, die das Seelenheil der Schenkenden sichern sollten. Schon das erste Immobiliarverzeichnis des Klosters vom Ende des 9. Jahrhunderts dokumentiert die Ausweitung des Besitzes im noch städtefreien Ruhrgebiet, so im Raume Oberhausen, Mülheim und Bottrop, nämlich Arenbögel, Sterkrade, Dümpten, Gladbeck, Meiderich, aber auch im Bereich des heutigen Recklinghausen.

Bis zum 13. Jahrhundert vermehrte sich der Besitz des Klosters Werden beträchtlich, so dass sich das Verzeichnis liest wie ein Ortsverzeichnis des Ruhrgebietes. Von Kasslerfeld bei Duisburg im Westen und Schwerte im Osten, nach Norden bis zur Lippe sowie im Süden bis zur Wupper erstreckten sich die mehr als 200 abgabepflichtigen

Immobilien, deren Namen sich vielfach bis heute in den Stadtteilnamen der Ruhrgebietsstädte erhalten haben, so – um nur wenige Beispiele zu nennen – Duisburg: Duissern, Wanheim, Angerhausen; Essen: Katernberg, Altendorf; Bochum: Laer, Querenburg, Gerthe. Aber auch die Namen der weiteren späteren Ruhrgebietsstädte wie Castrop, Herten, Gladbeck und Recklinghausen finden sich.

Liudger hatte auch die Leitung des Klosters übernommen, und er und seine Nachfolger führten es nicht nur zu wirtschaftlicher Blüte, sondern entwickelten es zu einem Hort der Frömmigkeit und der Wissenschaften.

Im Laufe des Mittelalters wuchs die Bibliothek, und eine Schreibschule wurde eingerichtet, deren Erzeugnisse von hoher Qualität und Kunstfertigkeit zeugen, wie beispielsweise der sogenannte Werdener Psalter, der im 11. Jahrhundert geschrieben wurde.

Während dieser ersten Jahrhunderte muss auch eine einzigartige Handschrift – vermutlich schon durch Liudger selbst – in dieses Kloster gelangt sein, der Codex Argenteus, eine auf Purpurpergament mit Silber- und Goldtinte geschriebene Übersetzung des Neuen Testamentes ins Gotische. Gotenbischof Wulfila hatte diese im 4. Jahrhundert zwecks Missionierung angefertigt und hatte für die spezifischen Laute der gotischen Sprache neue Buchstaben entwickelt. Diese im 6. Jahrhundert möglicherweise für Theoderich, den Ostgotenkönig, in Norditalien angefertigte Prachthandschrift war dann rund sieben Jahrhunderte in Werden durch die Höhen und Tiefen der Zeit aufbewahrt worden. Erst die Kriegsereignisse, vor allem der Truchsessischen Wirren (s. Gebhard) und des Achtzigjährigen Krieges (s. Mendoza), brachten das Kloster in solch finanzielle Schwierigkeiten, dass sich der Abt Heinrich Duden schließlich gezwungen sah, den Codex an Kaiser Rudolph II. zu veräußern, der diesen in seiner Kunstsammlung im Hradschin in Prag aufbewahrte. In den letzten Tagen des Dreißigjährigen Krieges, als man in Münster bereits den Westfälischen Frieden aushandelte, gelang es schwedischen Truppen, die kleine Seite Prags zu erobern. Die schwedische Königin Cristina, eine engagierte Sammlerin solcher Pretiosen, setzte es ins Werk, dass die Prager Kunstsammlung in toto nach Schweden geschafft und die Werdener Handschrift ihrer Bibliothek einverleibt wurde. Dieser ungewöhnliche, ausgesprochen gebildete und wissenschaftlich interessierte Mensch, von dem verschiedentlich angenommen wurde, dass er weder Frau noch Mann wäre, verzichtete später auf den Thron, konvertierte zum katholischen Glauben und zog mit einem Teil seiner Schätze nach Rom, wo diese dann nach seinem Ableben den Weg in die vatikanischen Archive fanden und sich noch heute dort befinden.

Die prächtige gotische Bibelhandschrift verblieb allerdings in Schweden, da sie in den Besitz des schwedischen Kanzlers gelangt war, der diese dann der Universität in Uppsala überließ, wo sie heute aufbewahrt wird.

Der Codex Argenteus ist eines der höchst seltenen Zeugnisse spätantiker/frühmittelalterlicher Schriftlichkeit, und er ist eine einzigartige Rarität in der Überlieferung der gotischen Sprache.

Der Klostergründer Liudger, der auf einer Predigtreise in Billerbeck verstarb und in seiner Klosterkirche beigesetzt wurde, wird sich sicherlich in seinem Grabe über diesen Verlust gegrämt haben. Daran änderte wohl auch nichts, dass er sehr bald nach seinem Tode als Heiliger verehrt und seit knapp 900 Jahren bis auf den heutigen Tag einmal im Jahr in einer Prozession durch Werden getragen wird.

Als man im Jahr 2007/8 seinen korrodierten Zinksarg öffnete und die heiligen Überreste (Reliquien) in einen aus Edelstahl umbettete, war sein Skelett noch vollständig erhalten. Der heilige Mann hat die Zeiten in seinem Kloster besser überstanden als der wohl bedeutsamste Schatz seines Klosters. Von diesem wurde Anfang der 1970er Jahre in Speyer ein Fragment entdeckt, das im Jahre 2010 von dort ausgeliehen und in der Schatzkammer von Werden als „Highlight" ausgestellt wurde. Die Leute standen Schlange, um den Rest der Seite 336 aus der Handschrift zu sehen, der dort täglich aufgrund seiner Lichtempfindlichkeit nur für 20 Minuten gezeigt wurde.

Zwentibold
Großzügiger (Stifts-)Damenausstatter

Zwenti... – wer oder was? Das bringt selbst einen gewieften Ratefuchs durchaus zum Nachdenken, selbst wenn er eine Auswahl bekommt:

A. Eine urzeitliche Waffe zum Töten von Tieren.
B. Ein antiker Philosoph.
C. Ein mittelalterlicher König.
D. Der sagenhafte Gründer der Stadt Oberhausen.

Die richtige Antwort ist C. Zwentibold war ein mittelalterlicher König, der die Aufnahme in die Schulgeschichtsbücher nicht geschafft hat. Er war der illegitime Sohn des Königs (und später auch Kaisers) Arnulf von Kärnten, dem das Ostfrankenreich und das Mittelreich Lothringen zugefallen waren. In Ermangelung eines ehelich geborenen Nachfolgers hatte er Zwentibold für seine Nachfolge bestimmt. In diesem Zusammenhang mögen sich manche schwach an ihren Geschichtsunterricht erinnern, in dem die Teilung des Reiches unter die Söhne Ludwigs des Frommen stattgefunden hat, aber das ist lange her.

Zwentibold konnte die Nachfolge seines Vaters antreten, obwohl aus der Ehe seines Erzeugers ein weiterer Nachkömmling hervorging, Ludwig das Kind. Zwentibold regierte nach seiner Erhebung in Worms im Mittelreich als junger Mann von 895 bis 900 ziemlich unangefochten, da er durch die Erzbischöfe Hermann I. von Köln und Radbod von Trier anerkannt und gestützt wurde, deren Sprengel zu seinem Einflussbereich gehörten. Er hielt sich vornehmlich in deren Diözesen auf und verteilte großzügig Privilegien. Münstereifel hat ihm sogar ein Denkmal gesetzt, da er dem Ort die Stadtrechte verlieh.

Im Jahre 898 machte er sich im Mai von Aachen aus auf den Weg in die Ruhrregion, besuchte die adeligen Damen im Stift Essen und feierte dort auch das Pfingstfest. Allein deswegen wäre er schon erwähnenswert, weil mittelalterliche Könige höchst selten unsere Region besucht haben. Doch zusätzlich zeigte er sich den Stiftsdamen gegenüber höchst großzügig. Mit einer im Original erhaltenen Urkunde (heute in Düsseldorf) schenkte er ihnen aus seinem Besitz umfangreiche Güter in der Gegend von Köln, in der Stadt Köln, in der Kölner Bucht und in der Voreifel mit allen abgabepflichtigen Höfen, Äckern, Weiden, Wäldern, Mühlen und fischbaren Gewässern. Selbst Weinberge waren inbegriffen, wenn auch die Orts- und Flurnamen sich heute nur noch mehr oder weniger identifizieren lassen. Man spricht in der Forschung von „Salland mit Kirchen an genannten Orten im Kölngau und in der Stadt Köln, im Ahr-, Cuzzih-, Maien-, Mühl- und Jülichgau“. Natürlich waren die auf diesen Ländereien lebenden Menschen in die Schenkung mit eingeschlossen.

Diese Schenkung vollzog Zwentibold zu seinem Seelenheil (animae nostrae pertinere remedium), allerdings auf ausdrückliche Bitten seiner Ehefrau Oda und wohl auch seines Schwiegervaters, des Grafen Otto (des Erlauchten, von Sachsen). Das Ganze geschah, wie ausdrücklich in der Urkunde vermerkt: „actum in ipso monasterio sacrosancto die pentecoste“ (geschehen im heiligen Kloster daselbst am Pfingsttage).

Was Zwentibold letztendlich realiter zu dieser Schenkung veranlasste, lässt sich nur vermuten. Die adeligen Damen des Stiftes Essen mussten zuvor keine Not leiden. Der Gründer des Stiftes, Altfrid, hatte dieses durchaus hinreichend mit Grundbesitz ausgestattet. Beim Eintritt in das Stift brachten die hochadeligen Damen weiterhin

Einkünfte (das heißt in dieser Zeit ausschließlich Besitz an Grund und Boden) mit ein, die Schenkung Zwentibolds vermehrte den Grundbesitz im südlichen Rheinland jedoch um ein Beträchtliches.

Schwiegervater Otto hatte wohl ein intensives Interesse an der Einrichtung. Bei anderer Gelegenheit bedachte er das Stift mit dem Ort Beeck (Duisburg), und in den folgenden Jahrzehnten stellten weibliche Mitglieder aus der Familie aufeinanderfolgend fünf Äbtissinnen, die aufgrund der wirtschaftlichen Potenz ihres Stiftes in der Lage waren, die Kunstschätze anzuschaffen, die wir heute in der Schatzkammer bewundern können, allen voran die Goldene Madonna und das Mathildenkreuz.

Glück gebracht hat die großzügige Schenkung an die frommen Frauen Zwentibold allerdings nicht. Gut zwei Jahre später fiel er im Kampf während einer Auseinandersetzung mit seinen inneren Widersachern bei Susteren (zwischen Maastricht und Roermond in den Niederlanden) und wurde ebendort in der Abteikirche beigesetzt.

Die „Lothringer" schätzten ihren jugendlichen König, so dass er im Laufe der Zeit als heilig verehrt und zur Ehre der Altäre erhoben wurde. Stadlers Heiligenlexikon begründet seine Heiligkeit folgendermaßen: „Er regierte sein Reich mit größter Gewissenhaftigkeit und erwarb sich die Liebe seiner Unterthanen, zog sich aber zugleich den Haß der Adeligen zu. Die durch die Wuth der Normannen theils niedergebrannten theils verunreinigten Kirchen und Klöster ließ er reinigen und herstellen und bevölkerte sie mit frommen Gemeinden. Eine besondere Liebe hatte er gegen das Stift Susteren, wo viele heil. Reliquien aufbewahrt waren, als dessen zweiter Gründer er anzusehen ist. Diese beraubten den König nach mehreren Treffen seines Scepters und seines Lebens; aber er wurde dafür durch die Krone der ewigen Herrlichkeit entschädigt im J. 900. Sein Leichnam wurde zu Susteren begraben. Sein Fest beging man sonst am Niederrhein am 13. August."

Makaber an der ganzen Geschichte ist die Tatsache, dass Zwentibolds Witwe knapp ein Jahr nach seinem gewaltsamen Tode den Mörder ihres Mannes ehelichte.

Mit Zwentibold hat also nicht nur ein König, sondern auch ein Heiliger die Region besucht und wesentlich zum Reichtum und zur weiteren Entwicklung des Stiftes Essen beigetragen.

Mathilde (II.)
Glamour im Revier

Seit der Gründung durch Bischof Altfrid war das Stift Essen ein „vornehmer Laden“ und hochadeligen Damen vorbehalten, aber erst dessen neunte Äbtissin Mathilde brachte kaiserlichen „Glanz in die Hütte“. Zum einen war sie Enkeltochter, Nichte und Cousine der drei aufeinanderfolgenden Könige und Kaiser Otto I., II. und des III. und hatte somit beste Verbindungen zum Herrscherhaus; zum anderen brachte sie von zu Hause aus geballte finanzielle Potenz mit, um Kirche und Stift baulich zu fördern und mit entsprechenden Kunstschätzen auszustatten.

Die verwandtschaftliche Nähe brachte es mit sich, dass der eine oder andere Otto im späteren Revier mal ab und an vorbeischaute, sich in Duisburg, Dortmund und auch Essen aufhielt und natürlich den frommen Verwandten das eine oder andere Geschenk mitbrachte und durch entsprechende Urkunde übereignete, welche das wirtschaftliche Fundament des Stiftes wesentlich verbreiterte.

Hinzu kam, dass der Onkel Otto II. (er war jünger als die Nichte) und der Cousin Otto III. beide in sehr jungen Jahren zur Herrschaft kamen und leider auch beide frühzeitig starben. Otto III. wurde als Dreijähriger gekrönt. Die Nachricht vom Tode des Vaters traf wenige Tage später ein, so dass die junge Witwe und Mutter Theophanu und die Großmutter Adelheid – auch mit Rückhalt durch die Äbtissin Mathilde aus Essen und der gleichnamigen aus Quedlinburg (Tochter Ottos I. und Tante der Essener Mathilde) – gut ein Jahrzehnt die Regierungsgeschäfte führten, bis der Knabe im Alter von 14/15 Jahren die Herrschaft selbst in die Hand nahm.

Der Reigen großzügiger Schenkungen wurde eröffnet durch Otto I., der, da das Stift alle bisherigen Urkunden durch Brand verloren hatte, umfänglich diese mit einer globalen Schenkungsurkunde restituierte und noch „ein Schüppchen“ drauflegte, indem er dem Stift die Reichsunmittelbarkeit verlieh, was dessen Äbtissinnen in den Reichsfürstenstand erhob, den diese bis zur Auflösung des Stiftes zu Beginn des 19. Jahrhunderts innehatten.

Bei dieser ersten Urkunde war ein bisschen „nachgebessert“ worden, was aber ihre Wirkung und Bedeutung für das Stift in keiner Weise minderte, da diese von Otto II. (973) wie auch Otto III. (993) mit erneuter Beurkundung bestätigt wurde und erst die moderne Geschichtswissenschaft lange nach der Aufhebung des Stiftes die Verfälschung aufdeckte.

Mathilde, die mit Anfang zwanzig ausgesprochen jung Äbtissin wurde, beschränkte sich nicht nur auf ihr frommes Amt, sondern sie war aufgrund ihrer engen Bindung an Theophanu und deren Sohn Otto III. durchaus auch politisch tätig, sie unternahm diverse Reisen und erwarb Kunstschätze und Reliquien für ihr Stift. So gelangte in der Zeit der „Frauenherrschaft“ die Goldene Madonna nach Essen, deren spätere Krone diejenige gewesen sein soll, die Otto III. bei seiner Krönung als Dreijähriger getragen haben soll.

Nach Besuchen 984 und 986 als Kleinkind stattete der Dreizehnjährige 993 seiner Cousine in Essen einen weiteren Besuch ab, bei dem er ihr ein wertvolles Schwert schenkte, ursprünglich wohl eine scharfe Waffe, möglicherweise als Dank für die Hilfe bei der Wahrung seiner Herrschaft. Dieses Schwert avancierte durch weitere Verzierungen der Scheide zum Richtschwert der Stiftsheiligen Kosmas und Damian. Mit den Reliquien dieser vorderasiatischen Ärzte und Märtyrer war das Stift schon von seinem Gründer Altfrid ausgestattet worden. Deren Richtschwert (Kosmas und Damian waren ob ihres Glaubens enthauptet worden, obwohl sie bereits Gliedmaßen transplantierten; dabei versahen sie einen Weißhäutigen allerdings mit einem dunkelhäutigen Bein) war eine bedeutende Ergänzung des Reliquienschatzes, das dann auch seinen Weg in das Essener Wappen gefunden hat, wo es sich noch heute findet.

Mit tatkräftiger Hilfe Ottos III. gelang es der Äbtissin, einen weiteren Reliquienschatz für das Stift zu erwerben, die Überreste des heiligen Marsus. Diese wurden in einem extra dafür angefertigten, reich geschmückten und mit einer Weihe-Inschrift versehenen Schrein beigesetzt, der samt Inhalt an den verblichenen Otto II. erinnern sollte, der in Rom gestorben war und begraben lag. Dessen ebenfalls in der Nähe von Rom gestorbener knapp 22-jähriger Sohn wurde übrigens nicht daselbst bestattet, sondern man schleppte seinen Leichnam über die Alpen, bestattete die Eingeweide in Augsburg und den Rest dann im Dom zu Aachen.

Der Essener Schrein, der an Otto II. erinnern und prächtiger als der Dreikönigsschrein in Köln gewesen sein soll, überdauerte anders als die vielen Kunstgegenstände, die Mathilde für ihr Stift anfertigen ließ, die Zeiten nicht. Ende des 18. Jahrhunderts aus Furcht vor den herannahenden französischen Revolutionstruppen auseinandergenommen, wurde er eingeschmolzen, und die geretteten Reliquien wurden in ein Büstenreliquiar verbracht.

Ein Gutteil der Ausstellungsstücke der Essener Schatzkammer geht auf die Äbtissin Mathilde zurück, deren rund vier Jahrzehnte andauerndes Wirken das Stift zu einem der bedeutendsten des Reiches gemacht hat. Nicht unerheblichen Anteil hatte sie wohl auch am Baufortschritt am Westwerk des Essener Münsters und damit auch an der unter diesem durch geführten Wasserleitung zur Versorgung des Stiftes. Zwar keine unmittelbare Königstochter wie Maria Kunigunda knapp ein Jahrtausend später, war die Äbtissin Mathilde aufgrund ihrer verwandtschaftlichen Bindungen zum Herrscherhaus die maßgebliche und entscheidende Persönlichkeit für das Gedeihen und die Prosperität des Stiftes und damit letztendlich für die Stadt Essen.

Mechthild von Holten
Gedrängte Wohltäterin?

Mechthild wurde in eine Zeit hineingeboren, die man gemeinhin als Interregnum, als „kaiserlose, schreckliche Zeit" bezeichnet. Kaiser Friedrich II. hatte in Sizilien gesessen und sich kaum um die Belange nördlich der Alpen gekümmert, dorthin zwar seinen Sohn Heinrich (VII.) geschickt, diesen aber wieder einkassiert und lebenslang eingekerkert. Die Reichsfürsten feierten fröhliche Urstände und bastelten sich ihre eigenen Könige, so wie der Erzbischof von Köln, Konrad von Hochstaden, der dies zweimal ins Werk gesetzt hat, zum einen Wilhelm von Holland (noch zu Lebzeiten Friedrichs), einen 19-jährigen Bengel, zum anderen wenige Jahre später Richard von Cornwall.

Die Familie Mechthilds war begütert im Gebiet des heutigen Oberhausen und sie selbst eine gute Partie, da sie in Ermangelung von männlichen Nachkommen die familiären Besitzungen erbte. Sie heiratete standesgemäß Gerhard von Arberg, Burggraf von Köln und Verwandter des Erzbischofs. Durch diesen gedrängt, schenkten die Eheleute der gerade begründeten Niederlassung der Deutschen Ordensritter in Welheim (Bottrop) den Zehnt von Osterfeld (Oberhausen), den sie selbst kurz zuvor von Konrad von Hochstaden erhalten hatten. Dieser ließ sich dann quasi als Entschädigung für das entgangene Lehen entsprechende Güter aus dem Eigentum der Mechthild und ihres Ehemannes übertragen.

Der geizige und durchaus skrupellose Erzbischof (die Kölner, die hinreichend Zoff mit ihm hatten, hätten ihn sicherlich als „fiese Möpp" bezeichnet) gab also nichts zu der von ihm gewünschten Ordenskommende, sondern zog daraus gar einen Vorteil, so dass man – wie auch in anderen Fällen – annehmen muss, dass die „großherzigen Spender" dies auf mehr oder weniger großen Druck ihres Territorialherrn taten.

Weil es für die deutschen Ordensritter gegen die Übermacht der islamischen Herrschaft im Heiligen Land nun nichts mehr zu erobern gab, gründete man Niederlassungen (Kommenden) in allen Teilen des Reiches, hier im Revier allein drei: in Duisburg, Welheim und Brackel (Dortmund), und kümmerte sich um die Errichtung des Ordensstaates im späteren Ostpreußen. Genauso ausdehnungs- und gründungsfreudig war der Zisterzienserorden, der mit dem Kloster Kamp (dessen barocker Garten uns heute in Kamp-Lintfort noch erfreut) eine Filiale hier in der Gegend errichtete, von wo aus eine Reihe von Frauenklöstern ausgingen und die Namensgeber für Dörfer und heutige Stadtteile waren: Kloster Saarn (Mülheim), Duissern (Duisburg) und Sterkrade (Oberhausen).

Mechthild von Holten hat vornehmlich das nach der Gründung dürftig ausgestattete Kloster Sterkrade begünstigt. Schon früh verwitwet, hatte sie diesem zunächst für das Seelenheil ihrer Eltern und auch das ihres verstorbenen Mannes das Patronatsrecht der Sterkrade Kirche geschenkt. Dazu gehörten unter anderem Einkünfte, Äcker, Wiesen, eine Mühle und ein Fischteich.

Und auch hier hatte genannter Erzbischof wieder seine Finger im Spiel, indem er die Kirche dem Kloster übertrug und damit die wirtschaftliche Grundlage des Klosters und seiner Nonnen sicherte. Somit hatte er de jure dem Nonnenkloster in Sterkrade etwas geschenkt, was ihm eigentlich nicht gehört hatte.

Man wird Mechthild von Holten die frommen Absichten ihrer Wohltätigkeit nicht absprechen können, die sich der geizige Erzbischof ans Hemd heftete. Nach dem Tode ihres Mannes folgte ihr Sohn Johannes dem Vater im Amt des Burggrafen, so dass sie weiterhin in der Nähe des erzbischöflichen Stuhles ihren Wohnsitz behielt.

Siegfried von Westerburg, Nachnachfolger auf dem Stuhl des Kölner Erzbischofs (das war der, der die Schlacht bei Worringen verlor), erwarb von Johann und seiner Mutter Mechthild die Burggrafschaft mit Gewährung einer nicht unerheblichen jährlichen Rente, die aus den erzbischöflichen Einkünften zu Bonn bezahlt werden sollte (auch die Finanzkraft dieses Bischofs war ziemlich dürftig). Im Falle des Todes von Johann sollten dessen Mutter und die Ehefrau den Nießbrauch bis zu ihrem Tode haben.

Da Johann unvorhersehbar starb, bevor er sein Gelöbnis, in das Heilige Land zu pilgern, verwirklichen konnte, schenkte die trauernde Mutter der Niederlassung des Johanniterordens in Walsum (Duisburg) die dort gelegene Kirche mit dem Zehnten und die dazu gehörenden Immobilien gleichsam als Ersatz für die durch den Tod verhinderte Pilgerreise. In Folge scheint sie sich wieder mehr in ihre heimatliche Region zurückgezogen zu haben. Wenig später schenkte sie dem Kloster Sterkrade ein Gut in Laar (Duisburg).

Mechthild hatte einen schweren Stand, für sich und ihre Enkelin gleichen Namens ihre Besitzungen und Einkünfte gegen die Ambitionen des Kölner Erzstuhls zu behaupten. In späteren Jahren als Witwe, Mutter und Großmutter machte sie sich mehr und mehr vom Einfluss des vormals übermächtigen Erzbischofs frei und vertrat, für die Zeit durchaus ungewöhnlich, die eigenen grundherrschaftlichen Interessen durchaus auch in Opposition zu dem wenig beliebten Kölner Metropoliten, der schon seine Hand nach ihrer Burg Holten ausgestreckt hatte. Sie führte ein eigenständiges Siegel, konnte somit alleinverantwortlich Rechtsgeschäfte ausführen, beurkunden und besiegeln und brachte ihr gegen den Kölner gerichtetes Anliegen – bar jedweder männlicher Unterstützung – in einer Klage vor König Rudolf von Habsburg. Diesem ersten Vorstoß war kein Erfolg beschieden. Als jedoch unter anderem die Kölner Bürger in der berühmten Schlacht bei Worringen dem „verhaßten" (so eine zeitgenössische Kölner Quelle) Erzbischof aufs Haupt schlugen und dieser gar in Gefangenschaft geriet, gelang es der couragierten alten Dame, die seit geraumer Zeit auf ihrem Stammsitz in Holten befindlichen kölnischen Schergen zu vertreiben und die Burg wieder in Besitz zu nehmen, die das Zentrum der späteren Stadt Holten wurde.

Die Erinnerung an diese „emanzipierte" Frau wird in Sterkrade und Holten sowie in der Geschichte Oberhausens hochgehalten. Sie hat als „Wohltäterin" die Grundlage für das Gedeihen und die wirtschaftliche Blüte des Klosters Sterkrade gelegt.

Tidemann Lemberg
Kaufmann mit Königskrone

Um die im Folgenden geschilderten Ereignisse für den interessierten Leser verständlich werden zu lassen, sind zwei historische Fakten erklärend vorauszuschicken:

1.) Die englische Krone hatte seit jeher Besitzungen auf dem Festland im heutigen Gebiet von Frankreich, und der Hauptakteur unserer Geschichte besaß über seine Mutter einen gewissen Anspruch auf den französischen Königsthron.

2.) Im Mittelalter war es Christenmenschen untersagt, Geld gegen Zinsen zu verleihen; dies blieb den Juden vorbehalten (s. Shakespeare, „Der Kaufmann von Venedig"), die damit gute Geschäfte machten, bis in Norditalien die ersten Banken entstanden. Es gab also lediglich die Möglichkeit der Leihe gegen Pfand, deren Erträgnisse man einstrich, solange der Kredit lief. Als bestes Beispiel einer Verpfändung hier in der Region mag die Reichsstadt Duisburg angeführt sein, die von Rudolf von Habsburg als Mitgift verpfändet wurde. Dieses Pfand wurde niemals mehr eingelöst, so dass Duisburg unter die klevische Herrschaft fiel und dorthin abgabepflichtig war.

Tidemann Lemberg war als betuchter Dortmunder Wollhändler in zweiter Generation damit beschäftigt, Wolle aus England zu importieren. Dortmund als Hansestadt hatte – ähnlich wie die Stadt Köln mit ihrem Stahlhof – hervorragende Beziehungen zur Insel und beherrschte etwa 20 Prozent des Wollhandels.

Gegen Ende der 30er Jahre des 14. Jahrhunderts machte sich der englische König Edward III. Hoffnungen auf den französischen Thron, die er mit Waffengewalt durchzusetzen suchte. Zu diesem Zweck verbündete er sich mit Ludwig dem Bayern, Kaiser des Römischen Reiches, um Frankreich gleichsam in die Zange zu nehmen. In diesem Zusammenhang versicherte er sich auch der militärischen Hilfe des Erzbischofs Balduin von Trier, eines Kirchenfürsten, der besser mit Schwert und Geld umgehen konnte als mit Kelch und Hostie, gegen entsprechende pekuniäre Leistungen natürlich.

Da Krieg auch damals schon Geld kostete und Edward III. knapp bei Kasse war, akzeptierte der Bischof Edwards Königskrone als Pfand, die damit in Trier verblieb. Als die Zahlung der vereinbarten Summe ausblieb, schickte sich Balduin an, das Pfand zu verwerten, um so zu seinem Geld zu kommen.

Der Dortmunder Kaufmann ergriff die Chance, brachte ein Konsortium Dortmunder Kaufleute zusammen, das gemeinsam mit ihm die geforderte Summe aufbringen konnte, und erwarb kurzerhand die englische Königskrone. Edward stand bereits bei den Dortmunder Wollhändlern in der Kreide; dafür hatten sie als Pfand den Nießbrauch der englischen Hafenzölle eingeheimst, an denen sie nicht nur kräftig verdienten, sondern sich selbst darüber hinaus von diesen Abgaben befreiten und so einen nicht unerheblichen Wettbewerbsvorteil erlangten.

Der Besitz der englischen Königskrone, welche die Dortmunder auf dem Festland (wo genau, weiß man nicht, vermutlich jedoch in Dortmund) aufbewahrten, verbesserte ihre Verhandlungsposition gegenüber dem englischen König gewaltig. Als Lemberg und seine Mitstreiter diese Ende Dezember 1343 zurückgaben, wurden ihnen im Gegenzug die Erträgnisse der englischen Zinnminen übertragen (Zinn war zu der Zeit eines der gebräuchlichsten Metalle für den täglichen Bedarf).

Tidemann Lemberg scheffelte in Folge Geld, und er erkannte durchaus, dass man mit Geld Geld verdienen konnte. Er war sich auch nicht zu schade, dem damaligen Papst Clemens VI., der in Avignon residierte und insgeheim die französische Seite unterstützte, mit einer größeren Summe auszuhelfen, die dieser brauchte, um seinen aufwendigen Lebensstil zu finanzieren. Was dieser alles anstellte, lässt sich im „Decamerone" des Giovanni Boccaccio nachlesen.

Gleichzeitig erwarb Lemberg in England umfangreichen Grundbesitz, wohl in der Hoffnung, aufgrund dessen irgendwann in den Adelsstand erhoben zu werden. Dies war denn des Guten wohl doch zu viel; man wollte ihn in England loswerden, klagte ihn durch den vorgeschobenen Grund des Betruges an und sperrte ihn weg. Die Haft dauerte allerdings nicht lange, da er durch königliche Intervention freikam (vermutlich war Edward III. gerade mal wieder klamm).

Der dauerhafte Aufenthalt in England war Lemberg damit vergällt, und er kehrte auf das Festland zurück, allerdings nicht nach Dortmund, weil er es sich dort wegen finanzieller Differenzen mit seinen ehemaligen Mitstreitern verdorben hatte. Gegen entsprechende Bezahlung wurde er vielmehr Bürger der Stadt Köln, die ebenfalls hervorragende Handelsverbindungen nach England hatte. Seine Versuche, über diese Schiene erneut Kreditgeschäfte mit England aufzubauen, waren nicht sehr erfolgreich und scheiterten alsbald. So verlegte er sich auf die Finanzierung des in Köln blühenden Weinhandels, womit sich auch hinreichend Geld verdienen ließ.

Der sein gesamtes Lebens lang fromme Tidemann Lemberg, er hatte unter anderem vom Papst das Recht erworben, auf seinen Reisen einen Tragaltar samt dazugehörendem Priester mitzuführen, stiftete im Alter ein Kloster in

Köln, das er entsprechend ausstattete, und verteilte seine angesammelten Reichtümer an diverse Klöster der Stadt, an erster Stelle an die Augustinerinnen im Severinsviertel, da er kinderlos war und ohne Erben starb. Tidemann hat das Ende der kriegerischen Auseinandersetzungen um den französischen Thron, die als Hunderjähriger Krieg in die Geschichte eingegangen sind, sowie das Drama um die Jungfrau von Orléans „Jeanne d'Arc" nicht mehr erlebt.

Tidemann Lembergs Andenken ist weder in Köln, wo er in einem Zinnsarg beigesetzt worden ist, noch in Dortmund bewahrt worden. Aus dem Dunkel der Geschichte hervorgekramt hat ihn die erste weibliche Archivarin Deutschlands, Luise von Winterfeld, die in der Nachfolge von Karl Rübel von 1916 bis 1950 Leiterin des Archivs der Stadt Dortmund war und eine knapp 70-seitige Biografie über diese schillernde Persönlichkeit des 14. Jahrhunderts verfasste.

Frank von Hönnepel
Ordensritter ohne Furcht und Tadel

Frank von Hönnepel, in der Gegend von Kalkar um die Wende zum 15. Jahrhundert nachgeborener Sohn eines rheinischen Adeligen, wurde, da er beim Erben leer ausging, nicht direkt ins Kloster geschickt, sondern man versorgte ihn standesgemäß mit dem Eintritt in die Deutschordenskommende Welheim (Bottrop).

Diese Niederlassungen des Deutschen Ordens waren in der zweiten Hälfte des 13. Jahrhunderts gegründet worden. Sie sollten zur Rekrutierung und Ausbildung weiterer Ritter für die bewaffnete Wallfahrt zur Befreiung der heiligen Stätten dienen. Bald danach gab es im Orient nichts mehr zu kämpfen, da man den islamischen Kriegshaufen hoffnungslos unterlegen war.

Der Ordensobere Hermann von Salza, der sich selbst lieber im sonnigen Sizilien am Hofe Friedrichs II. aufhielt, richtete den Blick der Ordensritter auf die heidnischen Prussen und das Baltikum und widmete die heilige Begeisterung um in die Aufgabe, die Heiden zu bekämpfen.

Eine besonders dichte Ansammlung solcher Ordensniederlassungen zur ritterlichen Nachwuchsarbeit gab es in der Region des heutigen Ruhrgebietes, und zwar in der Stadt Duisburg, in Welheim und in Brackel (Dortmund). Diese waren in der Regel nicht arm, schließlich war es gut für das Seelenheil, wenn man diesen würdigen Männern etwas zukommen ließ. Auch konnte man ein Versprechen, auf einen Kreuzzug zu ziehen, durch eine entsprechende Schenkung an die heimischen Ordensritter durchaus erfüllen. Daher ließ schon sehr bald die Begeisterung, in den Krieg gegen die Heiden zu ziehen, merklich nach, und diese Ordensniederlassungen wurden mehr und mehr zu „Versorgungseinrichtungen“ des niederen Adels.

Eine solche Einrichtung war natürlich auch Welheim, das von der Mitte des 13. Jahrhunderts bis zum Anfang des 19. Jahrhunderts Bestand hatte. Hier lebte in dieser Zeitspanne durchgängig ein halbes Dutzend Ritter unter Leitung eines Komturs und dachte überwiegend nicht ans Kämpfen in fernen Landen; die Herren widmeten sich der Verwaltung ihrer Güter und verzehrten das, was das Eigentum der Kommende einbrachte, und lebten damit wahrlich nicht schlecht.

Frank von Hönnepel wird wohl mit Erreichen des Mannesalters, versehen mit einem entsprechenden „Eintrittsgeld“, in den Orden und die Kommende gegeben worden sein, um sein Leben kontemplativ und dem Ritterideal ergeben zu verbringen. Verschiedentlich wird er ab 1439 in den Urkunden der Kommende als Ordensritter genannt. Er scheint recht engagiert gewesen zu sein, da er wenige Jahre später zum Komtur – also zum Chef – der Kommende avancierte und ihr annähernd drei Jahrzehnte vorstand.

Während dieser Zeit eskalierte ein Streit zwischen dem Stift Essen und der Kommende um Weiderechte in der Borbecker Mark, die jenseits der Emscher zum Territorialbesitz des Stiftes Essen gehörte. Die Kommende selbst war im 14. Jahrhundert ein hinreichend ausgestatteter landwirtschaftlicher Betrieb mit einem Viehbestand, der weit über die leiblichen Bedürfnisse der wenigen Ritter hinausging und damit einen größeren Bedarf an Wald- und Weidefläche hatte. Urkundlich fassbar wird der Streit im Jahre 1453, als die Kommende vor dem Gericht in Recklinghausen einen Zeugenbeweis erbrachte, dass ihnen das Weiderecht in der Borbecker und Viehofer Mark seit

Menschengedenken zustand. Dazu wurden ein 80- und ein 90-jähriger Mann dem Gericht präsentiert, die unter Eid berichteten, dass sie schon von ihren Vorfahren gehört hätten, dass dieses Weiderecht seitens der Kommende und der Knippenburg (ehemaliger Adelssitz, heute Bottrop) bestünde.

Die Zwistigkeiten waren damit keineswegs beigelegt, da man von Borbecker und Essener Seite weiterhin das vorgeblich unberechtigt weidende Vieh wegtrieb und einsammelte, um dies gegen ein entsprechendes „Trinkgeld" in Form von Bier oder auch geldlicher Abfindung erst wieder herauszugeben.

Der Streit eskalierte schließlich, als Frank von Hönnepel den Ärger leid war und den Auslösungsbetrag bzw. das Fass Bier verweigerte. An einem Sonntag im Sommer zogen die Essener nach Welheim und stürmten mit Waffengewalt die Kommende. Zwei Türme und zwei Mühlen wurden in Brand gesteckt, etliche Hofbewohner gefangen gesetzt, bei einem Schusswechsel gar ein Mann getötet, das Vieh weggetrieben und alles bewegliche Gut kurz und klein geschlagen.

Nach weiteren vier Jahre lang andauernden gerichtlichen und außergerichtlichen Händeln setzte die äußerst energische Äbtissin von Essen, Sophia von Gleichen (Äbtissin 1459–1489), den Welheimer Komtur Frank von Hönnepel kurzerhand in der Stadt Essen gleichsam als Geisel fest, um eine Lösung zu erzwingen. Der Chef der Ordensprovinz reiste aus Münster an, und man einigte sich dahingehend, dass das Stift Essen für die erfolgten Übergriffe eine entsprechende Entschädigung zu zahlen hatte. Außerdem wurde der Kommende und dem Komtur das Weiderecht in der Borbecker und der Viehofer Mark zugestanden, allerdings einschränkend „syn leven lang", womit wieder der Anlass zu weiterem Streit gelegt war, der schließlich bis ins 18. Jahrhundert andauerte.

Abschließend wurde Komtur Frank von Hönnepel aus der Geiselhaft entlassen und konnte nach Welheim zurückkehren. Es bleibt ein geschichtliches Geheimnis, ob der Gute ein ritterliches Weichei oder ob die Schwester des Werdener Abtes und Äbtissin des Stiftes Essen eine durchsetzungsfähige, couragierte Frau gewesen ist.

Frank von Hönnepel beendete seine Tage gut ein Jahrzehnt später, vermutlich im Bett und ohne je ein Schwert ernsthaft zum Kampfe in der Hand gehalten zu haben. Die Kommende überdauerte die Fährnisse der folgenden, an kriegerischen Ereignissen reichen Zeit und fiel erst der Säkularisierung zu Beginn des 19. Jahrhunderts zum Opfer, die deren Grundbesitz und Eigentum den Arenbergern als Entschädigung für linksrheinisch Verlorenes zusprach.

2. Von der Reformation bis zum Ende des alten Reiches

Gerhard Mercator
Gigant der Kartographie

Gerhard Mercator – eigentlich Gerhard Krämer, man liebte es in dieser Zeit, die Hausnamen ins Lateinische oder Griechische zu übersetzen – war nicht in die Wiege gelegt, dass er es in der klevischen Landstadt Duisburg zu Weltruhm bringen sollte, indem er mit seiner „Mercator-Projektion" die Navigation auf dem Meer auf gesicherte Grundlagen stellte. Geboren in Rupelmonde, einem Städtchen an der Schelde in Ostflandern im heutigen Belgien als Sohn eines Schuhmachers, wurde er als Halbwaise zur Erziehung in ein Kloster gegeben. Es gelang ihm, an der Universität in Löwen zu studieren, und er interessierte sich hauptsächlich für Theologie, Philosophie und Mathematik. Nach dem Magisterexamen arbeitete er zum Broterwerb in der Werkstatt eines Karten- und Globenmachers in Löwen.

Sein Erstlingswerk war dann auch eine Karte des Heiligen Landes, die er auf der Grundlage des Alten und Neuen Testamentes erstellte („Terrae Sanctae descriptio ad utriusque Testamenti intelligem"). Danach wandte er sich der Herstellung von Erd- und Himmelsgloben zu, die sich dank der Erfindung der Drucktechnik durch Gutenberg in größerer Zahl produzieren und auch gewinnbringend verkaufen ließen.

Der erfolgreiche Globenhersteller wäre wohl nie nach Duisburg ins spätere Ruhrgebiet umgesiedelt, hätte er nicht im katholischen noch von den Spaniern beherrschten Flandern mit dem Protestantismus geliebäugelt. Aufgrund dessen sperrte man den mehrfachen Familienvater kurzerhand weg. Wohl dankbar nahm er deshalb das Angebot des klevischen Landesherrn an, bei der Absicht mitzuhelfen, in Duisburg eine Universität zu gründen. Die Stadt war zu der Zeit eine Insel des Protestantismus in einem katholischen Umfeld der Klever Herrschaft.

Auch das angrenzende Vest Recklinghausen war unter der Herrschaft des Erzbischofs von Köln erzkatholisch und weitgehend protestantenfrei. Im Gegensatz dazu war die Duisburger Hauptkirche Sankt Salvator – heute neben dem Rathaus und bis in die ersten Jahrzehnte des 16. Jahrhunderts unter dem Patronat der Deutschordensritter der Kommende Welheim (Bottrop) – schon sehr früh lutherisch geworden und ist es bis heute geblieben, gleichsam als Pfahl im Fleische des katholischen Umlandes.

Dort bezog der nicht mittellose Mercator mit seiner Familie ein Haus und arbeitete zunächst für rund drei Jahre als Lehrer am akademischen Gymnasium der Stadt, dem heutigen Landfermann-Gymnasium.

Da es mit der Universitätsgründung nichts wurde – die wurde erst 1655 gegründet und dann wieder in den 70er Jahren des 20. Jahrhunderts – wandte sich Mercator der Kartenherstellung gleichwohl als Teil seines Broterwerbs zu. Karten und Globen galten beim Adel und bei betuchten Kaufleuten als äußeres Zeichen nicht nur des Wohlstandes, sondern auch der Weltoffenheit und Bildung und waren hochbegehrt.

Mercators primäres Interesse galt jedoch unvermindert der Theologie und Kosmologie. Einerseits schuf er 1569 seine große Weltkarte mit der winkeltreuen Projektion, die noch heute seinen Namen trägt und damit seinen späteren Weltruhm begründete; annähernd gleichzeitig veröffentlichte er eine überaus theologisch angehauchte, chronologisch geordnete Weltgeschichte unter dem Titel „Chronologica. Hoc est temporum demonstratio exactissima an initio mundi usque ad annum Domini MDLXVIII“. Dies ist eine sehr genaue Darstellung der Zeiten vom Beginn der Welt bis zum Jahre des Herrn 1568.

Kurz vor seinem Tod konnte Mercator sein Lebenswerk fertigstellen, die Kosmographie, die er erstmalig „Atlas" nannte. Den Druck und die Veröffentlichung hat er nicht mehr erlebt. Diese wurde posthum von seinem Sohn Rumold besorgt unter dem Titel „Atlas sive Cosmographicae Meditationes de Fabrica Mundi et Fabrica Figura" (Atlas oder kosmografische Betrachtungen über die Schöpfung der Welt und die Form derselben) und erschien 1595, in 2. Auflage 1602.

Der Text, den Mercator für wesentlich bedeutsamer als die beigefügten Karten hielt, wurde sehr schnell vergessen und gleichsam beiseitegelegt, nicht zuletzt aufgrund seiner zum Teil noch mittelalterlich-theologischen Struktur der Beschreibung der Welt, des Himmels und der Erde, wobei er wiederum der Schöpfungsgeschichte folgte. Die Kupfertafeln der diesem Werk beigefügten Karten wurden von der Familie später veräußert und bildeten in weiten Bereichen die Grundlage der niederländischen Atlanten des 17. Jahrhunderts.

Mercators Kosmographien sind vergessen, aber mit seiner Projektionsmethode und mit seinen Karten hat er das Tor zur modernen Kartographie weit geöffnet. Deshalb widmet die Stadt Duisburg ihrem großen Sohn nicht nur einen Brunnen und die Universität, und sie benennt Straßen und Gebäude nach ihm, sondern man will, nachdem man bei Ausgrabungen unweit des Rathauses den Grundriss seines Wohnhauses freigelegt hat, dieses in moderner Wohnbebauung wieder entstehen lassen. Die bedeutsamen Arbeiten Mercators kann man im Duisburger Museum in der Schatzkammer bewundern.

Gebhard Truchsess von Waldburg-Trauchburg
Konvertit aus Liebe

Luthers Reformation breitete sich rasch im Flickenteppich der Herrschaften des Deutschen Reiches aus. Nach den Auseinandersetzungen in den folgenden Jahrzehnten um die „rechte" Religion arrangierte man sich im Augsburger Religionsfrieden, der die Konfession des jeweiligen Landesherrn für die ihm untergebene Bevölkerung verbindlich machte.

Folglich war das geistliche Territorium des Erzbistums Köln katholisch und somit auch das Vest Recklinghausen, das den größten Teil des heutigen Reviers umfasste. Lediglich in den Städten der Region setzte sich teilweise die Reformation durch, so zum Beispiel in Duisburg, wo man die Salvatorstatue aus der Kirche entfernte und sich aus der Observanz der Deutschordensritter aus Welheim (Bottrop) befreite, oder auch in Dortmund, wo man die Reliquien des Stadtpatrons, des heiligen Reinoldi, kurzerhand in eine Holzkiste packte und nach Köln zur weiteren Verwendung schickte.

Das Domkapitel zu Köln hatte bei der Auswahl seiner Erzbischöfe zu der Zeit keine glückliche Hand. Bischof Salentin wurde nach kurzer Zeit Protestant und verzichtete auf sein Amt. Bei der Auswahl des Nachfolgers Gebhard war man scheinbar erfolgreicher, da dieser sich postwendend zum Priester weihen ließ und zunächst seine Amtspflichten erfüllte. In Folge verliebte sich dieser unglücklicherweise in eine schöne adelige und dazu noch protestantische Dame, die aufgrund ihres Standes sich nicht zur Mätresse herabließ. Und so fasste der frisch gebackene Erzbischof den Plan, das Erzbistum in ein protestantisches

Territorium umzuwandeln und die schöne Mansfelderin zu ehelichen. Beispiele solcher Säkularisierung gab es genug. Bereits gut ein halbes Jahrhundert zuvor hatte Albrecht I. von Brandenburg den Deutschordensstaat in ein weltliches Territorium umgewandelt und damit die Grundlage für den späteren preußischen Staat geschaffen.

Gebhard hatte sich allerdings verkalkuliert. Sein Erzbistum war zu bedeutsam, als dass man es so ohne Weiteres dem Protestantismus anheimfallen ließ. Das Kaisertum wollte keinen weiteren Protestanten im Kurfürstenkolleg, und Papst Gregor XIII. (das war der mit der Kalenderreform) exkommunizierte ihn kurzerhand, woraufhin das Domkapitel mit Ernst von Bayern einen Nachfolger erwählte, der sich anschickte, sein Erzbistum mit Waffengewalt und tatkräftiger Hilfe spanischer Soldateska zu erobern.

Gebhard wich ins Vest Recklinghausen und in das Herzogtum Westfalen aus, verbündete sich unter anderem mit den protestantischen Niederländern, so dass unsere Region zum Durchzugsgebiet und Schauplatz der kriegerischen Auseinandersetzungen wurde, die man späterhin als Truchsessischen oder auch Kölner Krieg (1583–1588) bezeichnete. Nach anfänglichen Erfolgen wie beispielsweise der Eroberung von Rheinberg wendete sich das Kriegsglück zuungunsten Gebhards (Eroberung von Recklinghausen 5. Mai 1584, Plünderung des Stiftes Essen), so dass dieser zunächst nach Osten ausweichen musste und sich schließlich in die Obhut der Niederländer unter Wilhelm von Oranien begab.

Seine Interessen und seinen Krieg ließ er fortan von anderen für sich ausfechten, allen voran von Schenk von Nideggen, einem schlimmen Finger, mit dem Gebhard 1585 einen entsprechenden Vertrag schloss und ihn zum kurkölnischen Feldmarschall mit Sitz in Rheinberg ernannte. Dieser „Warlord“ hatte bislang im Achtzigjährigen Krieg zwischen Niederländern und Spaniern mit seiner Soldateska gekämpft, mal für die niederländische, dann für die spanische Partei, je nachdem was mehr Beute versprach, getreu dem Motto: Der Krieg ernährt den Krieg.

Als eine der ersten Aktionen durchquerte Schenk von Nideggen das Vest, eroberte, plünderte und brandschatzte die Stadt Werl (bei Soest). Als auf ihn – als Parlamentär unterwegs – widerrechtlich das Feuer eröffnet wurde, flüchtete er kurzerhand mit seinem Gaul. Dennoch traf ihn aus großer Entfernung eine Kugel, die zunächst durch den Sattel schlug und ihn am Gesäß verletzte. Als „Arnsberger Meisterschuss“ ist er in die Geschichte eingegangen, dessen heute noch gedacht wird. Die Verwundung schien nicht ernsthaft gewesen zu sein. Sie hinderte ihn nicht daran, erneut durchs Vest zu ziehen, Ruhrort (Duisburg) zu erobern und von dort die umliegenden rechtsrheinischen Regionen auszuplündern und zu brandschatzen. Die erbeuteten Mittel reichten aus, um in kürzester Zeit die Schenkenschanz (bei Kleve, ursprünglich in der Gabelung von Waal und Rhein, heute Ausflugsziel am Niederrhein) zu errichten. Schließlich gelang es ihm weiterhin, die Stadt Bonn im Handstreich mitten im Winter zu erobern und etwa ein halbes Jahr zu halten.

Für die Gebhard'sche Sache haben diese vornehmlichen „Plünderungszüge“ wenig bis gar nichts gebracht. Ernst von Bayern war von Papst und Reich als Erzbischof bestätigt worden und hatte sich – nicht zuletzt dank der nachdrücklichen Unterstützung durch spanisches Militär – durchgesetzt. Das Vest Recklinghausen blieb katholisch, und Ferdinand, der Nachfolger auf dem Erzstuhl, dekretierte gar, dass sich kein Protestant dort ansiedeln durfte.

Durch die Liebe eines Priesters und Erzbischofs zu einer – zugegeben ausgesprochen schönen – Frau war unsere Region zum Austragungsort von kriegerischen Auseinandersetzungen geworden, an deren Ursachen sie keinen Anteil hatte. Weder die Soldateska Schenks noch die bayrisch/spanischen Truppen hatten irgendwelche Rücksicht auf die Bevölkerung genommen; das „Kriegshandwerk" mit Morden, Plündern und Brandschatzen hat für lange Zeit diese unsere Region ruiniert.

Gebhard und dessen Frau Agnes von Mansfeld störte dies indessen wohl wenig. Sie zogen sich gleichsam „aufs Altenteil" nach Straßburg zurück, wo Gebhard seine Tage als Domdechant beschloss.

Francisco Hurtado de Mendoza
Schrecken des Spanischen Winters 1598/99

Der drei Generationen andauernde Krieg, mit dem sich die Niederlande die Unabhängigkeit von der spanischen Krone und ihren Protestantismus erkämpften, zog auch unsere Region verschiedentlich in arge Mitleidenschaft.

Der im Jahre 1598 zum Befehlshaber der spanischen Söldnertruppen ernannte Admiral Francisco Hurtado de Mendoza, ein frömmelnder, brutaler Militarist, der von sich behauptete, er sei von Gott gesandt, um die Ketzerei des Luthertums auszurotten, setzte, nachdem er den Sommer über erfolglos gegen die Niederländer gekämpft hatte, den perfiden Plan in die Tat um, die rechtsrheinischen Gegenden mit seiner Soldateska (etwa 15 000 bis 25 000 Mann) zum Zwecke des Winterquartiers zu besetzen, besser gesagt zu erobern, unter dem Vorwand, diese vor dem Zugriff der Niederländer zu bewahren. Tatsächlich aber sollten die unter Geldnot und Versorgungsschwierigkeiten leidenden, disziplin- und zügellosen Truppen von der heimatlichen Provinz der Spanischen Niederlande (etwa das heutige Belgien) ferngehalten und möglichst kostenfrei fouragiert werden sowie Gelegenheit haben, sich durch Plünderung und Brandschatzung aus der finanziellen Misere zu befreien (zuvor soll es mehrere Jahre keinen Sold gegeben haben).

Die Aktion begann im September mit der Eroberung Orsoys (Rheinberg). Mittels einer Schiffsbrücke überwand man den Rhein nach Walsum (Duisburg; etwa dort, wo heute noch eine Autofähre verkehrt) und eroberte das Städtchen Holten (Oberhausen), und in den nächsten zwei Monaten drangen die Soldatenhaufen unter Rauben und Morden bis Lünen und Bochum und bis vor die Tore Dortmunds vor. Unterschiedslos wurde das überwiegend katholische Vest ausgeplündert und verbrannt. „Ebenmässiger gestalt ist es auch mit den gezirck zwischen der Lipp und Ruhr mit Man und Weibspersonen einen solchen schandt und muhtwillen geübt auch in allen Dörffern dermaßen Schaden geben, daß es nicht auszusprechen. … Stifft Werden und Essen verheret und beraubt …"

Die Bevölkerung war dem apokalyptischen Wüten dieser spanischen Vandalen schutzlos ausgesetzt. Militärische Kräfte waren im Vest praktisch nicht vorhanden. Der Burgherr von Broich (Mülheim), Wirich VI., beschäftigte zum Beispiel gerade einmal sieben Soldaten. Als im Oktober ca. 5000 Spanier vor Broich erschienen und die Kanonade eröffneten, blieb nicht viel mehr als die Kapitulation, die auch unter Zubilligung des freien Abzuges und der Gefangennahme des Burgherrn (eines Protestanten) gewährt wurde. Entgegen dieser Vereinbarung wurden die ca. 200 Einwohner der Burg – auch Frauen und Kinder – niedergemetzelt und gefleddert, wohl weil man bei ihnen Geld und Wertsachen vermutete. Wirich VI. wurde bei einem Freigang von den begleitenden Wachen erstochen und bis zur Unkenntlichkeit verbrannt.

Adelssitze, Klöster, auch die Kommende der Deutschordensritter in Welheim (Bottrop) wurden geplündert und in Brand gesteckt. Selbst nicht lohnende Objekte wie die Brücke über die Ruhr bei Kettwig (Essen) fielen der Zerstörungswut der Spanier anheim.

Besonders die kleinen Leute, die ackerbauende Landbevölkerung, litten unter den Repressalien. Es wurden ihnen nicht nur die Wintervorräte geraubt, sondern selbst das Saatgut für das nächste Jahr genommen, das Vieh auf der Weide oder im Stall abgeschlachtet. Sie konnten froh sein, wenn sie mit dem Leben davonkamen, nicht geschlagen, vergewaltigt und gequält zu werden, damit sie die wenigen Wertsachen, die sie besaßen, herausrückten.

Der grausame Spuk endete erst, als die Spanier im April des nächsten Jahres wieder in den Krieg gegen die Niederländer zogen, dies jedoch erst, nachdem man sich zuvor noch ein nicht unerhebliches „Zehrgeld“ von den Einwohnern des Vestes erpresst hatte. Am Ende des Winters war die Region im wahrsten Sinne des Wortes leer gefressen, ausgeraubt und verbrannt. Es war wie das Erscheinen der apokalyptischen Reiter, das sie mit dem Begriff „Spanischer Winter“ in grausiger Erinnerung behielt.

Mendoza bekämpfte in den folgenden Jahren weiterhin mit wechselndem Erfolg die Niederländer. In der berühmten Schlacht nahe der Stadt Nieuwpoort im heutigen Belgien zwischen einer Armee der Vereinigten Niederlande und einer spanischen Armee am 2. Juli 1600 fiel er im Gefecht vom Pferd und wurde von den Niederländern gefangen genommen, dann aber gleichsam als Gast behandelt und nach Den Haag gebracht. Wenige Jahre später wurde er freigelassen, mit dem Erfolg, dass er wieder gegen die Niederländer zu Felde zog.

Diese historischen Ereignisse und die Person Mendozas haben einen wortgewaltigen Bearbeiter gefunden: Friedrich von Schiller, der ja von Hause aus Historiker war und im 4. Band seiner „Geschichte des Abfalls der vereinigten Niederlande von der spanischen Regierung“, erschienen 1823, das Geschehen geschildert hat. Allerdings wird der brutale Heerführer dort etwas anders beschrieben und nicht als das, was er de facto war, der Verwüster des späteren Ruhrgebietes, in dem er nichts als verbrannte Erde zurückließ.

Detmar Mulher
Erste Landkarte des Ruhrgebietes

Geboren wurde Detmar Mulher im Jahre 1567 als Sohn eines wohlhabenden Tuchhändlers aus Dortmund; er trat nach Absolvierung der drei Klassen des Gymnasiums – Tertia, Secunda und Prima – in die Fußstapfen seines Vaters und verkaufte vornehmlich Wolltuche. Als die Spanier, während er Richtung Sauerland unterwegs war, seinen Warenbestand plünderten (s. Artikel Mendoza), hing er seinen ihn wohl wenig begeisternden Beruf an den Nagel, studierte auch wohl die Rechte, da man ihn als Advokaten, später auch als Richter in Bodelschwingh (Dortmund) nachweisen kann. Sein eigentliches Interesse galt jedoch der Geschichte, vornehmlich der seiner Heimatstadt.

Zunächst verfasste er eine Chronik, die bis ins Jahr 1611 reichte: „Außfürliche, sowohl geographische als historische Beschreibung der Grafs- und Freygraffschaft auch kayserlichen freyen Reichsstadt Dortmund. Durch Detmarum Mulherum Trem. et Cornelium Mevium." Des Weiteren veröffentlichte er im Stile Merians eine Ansicht der Stadt Dortmund. Etwas bislang unerhört Neues war jedoch seine zuvor erschienene Karte der Grafschaft Mark, mit der Stadt Dortmund im Zentrum: „Nova Comitatus Marckensis tabula finitorum locorum verissima descriptio, Anno 1608. authore Detmaro Mulher." Sie umfasst nach Osten hin im Wesentlichen das Sauerland, wo er sich ganz offensichtlich aufgrund seiner vergangenen kaufmännischen Tätigkeit am besten auskannte, nach Westen aber das gesamte spätere Ruhrgebiet bis zum Rhein mit vielen Einzelheiten, mit Flüssen, Wäldern, Erhebungen, Dörfern, Städten und Schlössern.

Für die Grafschaft und die Stadt Dortmund verzeichnete Mulher selbst kleinste Weiler, so dass der Platz kaum für die Beschriftung ausreichte, während er sich für die Region zwischen seiner Heimatstadt sowie Rhein, Lippe und Ruhr auf wesentliche Angaben beschränkte. Entlang der Ruhr werden verzeichnet: Kemnade, Stiepel, Blankenstein, Altendorf, (Essen-)Horst, Steele, Werden, Kettwig (noch mit der Ruhrbrücke, die bereits 1599 von den Spaniern zerstört worden war), Mintard, Saarn, Mülheim, Broich und Styrum; längs der Emscher: Henrichenburg, Castrop, Strünkede, Herten, Karnap, Borbeck, Welheim, Bottrop, Osterfeld, Lipperheide und Oberhausen. Zwischen beiden Flüssen: Essen, Rellinghausen, Stoppenberg, Wattenscheid, Dahlhausen, Bochum und Harpen.

Zwischen Wattenscheid und der Emscher findet sich ein Ort namens „Stalleken". Hierbei handelt es sich um eine ursprünglich dem heiligen Bartholomäus geweihte Kapelle mit einem angeschlossenen Hospiz sowie einer ländlichen Siedlung, die am „westfälischen Jakobsweg" lag und Beherberungsmöglichkeiten für die Pilger auf dem Weg nach Santiago de Compostela bot. Die Kapelle ist heute noch erhalten und befindet sich im (Bochum-)Wattenscheider Ortsteil Sevinghausen (Stalleicken).

Für einzelne Städte fügte er sogar die Stadtwappen hinzu, für Essen die gekreuzten Schwerter, für Dortmund den Adler und für Recklinghausen den heiligen Petrus mit übergroßem Schlüssel, in gleicher Weise auch Wappen für die einzelnen Territorien.

Die damalige Kartographie war bis dahin im Grunde auf Darstellungen großer Räume und Kontinente beschränkt oder besaß ganz andere Funktionen, wie zum Beispiel die Romwegkarte des Ehrhard Etzlaub, der Anfang des 16. Jahrhunderts die europäischen Pilgerwege nach Rom auf einer Karte Europas mit Angabe der Entfernung herausgab. Selbst das Jahrhundertwerk des großen Gerhard Mercator verzeichnete dessen unmittelbare Nachbarschaft höchst dürftig auf den Karten „Westfalen II“ und „Brabant, Jülich und Kleve“, da dies aufgrund seines kosmologischen Ansatzes weitab seiner Interessen lag.

Solche weitgehend exakten Regionalkarten wie die von Mulher hatte es bislang nur von Christian Sgrooten gegeben. Dieser in Sonsbeck am Niederrhein geborene und lebende Kartograph – wohl ursprünglich Maler und möglicherweise Lehrling bei Mercator im nahen Duisburg – machte Karriere als Hofkartograph des spanischen Königs Philipps II. in den Spanischen Niederlanden und fertigte Karten unter anderem von Geldern, Kleve, Jülich und Mark, die aber bis ins 20. Jahrhundert nie gedruckt wurden, da sie als kartographische Grundlage der Kriegszüge des Fernando Álvarez de Toledo, Herzog von Alba und Francisco de Mendoza in die abtrünnigen Niederlande während des Achtzigjährigen Krieges dienten, welche die Verwüstung unserer Region durch Letzteren im Verlauf des „Spanischen Winters“ nach sich zogen. Mulher konnte die Karten des Sonsbeckers also nicht gekannt haben und schuf somit unabhängig davon die erste vernünftige Karte des Ruhrgebietes.

Da man zu dieser Zeit ein Copyright noch nicht kannte, kupferte man – im wahrsten Sinne des Wortes – auch diese Karte in späteren Kartenwerken ohne jeden Skrupel ab. Diese Weiterverwertung lässt sich exakt verfolgen. Der Erste, der diese Karte benutzte, war Johannes Gigas (Johannes Riese; man liebte es zu der Zeit, die Hausnamen in die toten Sprachen zu übersetzen), der seinem Dienstherrn, dem Erzbischof von Köln, „an der Jacke ziehen wollte“ und deshalb die Territorien des Kölner Erzbistums,

Münster und Paderborn 1620 kartierte und in einem Atlas herausgab. Das eigentliche Erzbistum Köln verzeichnete er auf zwei Blättern, einem nördlichen und einem südlichen Teil, wobei er sich bei dem nördlichen weitgehend auf die Karte von Mulher stützte. Der Nestor der großen Weltatlanten des 17. Jahrhunderts, Willem Janszoon Blaeu, fügte die beiden Karten des Gigas ohne große Veränderung zu einer zusammen – er nannte in der Kartusche allerdings Gigas (diesen als Mathematiker, obwohl er Mediziner und Leibarzt des Kölner Erzbischofs war) als seine Quelle – und publizierte diese in seinem großen Altaswerk, dem „Atlas Maior" 1645, das sein Sohn Joan Blaeu posthum herausgab.

Es ist also das Verdienst des Dortmunder Tuchhändlers, Juristen, Historikers und Kartographen Mulher, dass das spätere Ruhrgebiet in vielen Einzelheiten, angefangen von Burg Vondern, Bottrop und Welheim, über Essen und Borbeck, Dahlhausen und Bochum, Dortmund, Hörde und Wambel und viele andere Orte mehr, Aufnahme in die großen Atlanten Blaeus und seiner Nachfolger gefunden hat. Diese unsere Region, zu der Zeit am Rande des politischen und wirtschaftlichen Interesses, hat dank der Karte eines Dortmunders Eingang in die bekanntesten, vornehmlich niederländischen Atlanten des 17. Jahrhunderts gefunden.

Friedrich (von) Spee
Kämpfer gegen den Wahn

Es gibt zwei Gründe, dieses frommen Mannes zu gedenken: Zum einen entstammte er einer weit verzweigten Adelsfamilie, derer von Spee, die auf Schloss Heltorf (südlich von Duisburg) noch heute residiert und im südlichen Teil der Stadt neben vielem anderen ca. 7000 Hektar (das reicht für 140 000 Einfamilienhäuser mit 500 Quadratmetern Grund) ihr Eigen nennt; zum anderen war er der wohl nachdrücklichste Kämpfer gegen den Hexenwahn, der auch in unserer Region vom Beginn des 16. bis zum Anfang des 18. Jahrhunderts grassierte.

Hexenverfolgung war – um mit einem Vorurteil aufzuräumen – ein Phänomen, das vornehmlich in der frühen Neuzeit auftrat. Das Konzil von Basel (1431–49) befasste sich erstmals mit der Hexerei, und ein Buch unter dem Titel „Malleus maleficarum" („Der Hexenhammer") verbreitete den Wahnsinn und erreichte vom Ende des 15. Jahrhunderts bis ins 18. Jahrhundert in diversen Übersetzungen insgesamt 29 Auflagen. Selbst die Reformation änderte wenig daran, da Luther, sich auf das Alte Testament berufend (2. Moses, 22,17: „Die Zauberinnen sollst du nicht am Leben lassen"), genauso die Hexenverfolgung guthieß wie seine Mitreformatoren.

Friedrich Spee wurde in eine Zeit hineingeboren, in der Hexenprozesse und -verbrennungen gleichsam gang und gäbe waren. Als junger Mann trat er in den Jesuitenorden ein, studierte Philosophie in Würzburg und anschließend Theologie in Mainz und wurde zum Priester geweiht. In Folge lehrte er an der Jesuiten-Universität Paderborn und übernahm diverse Aufgaben für den Orden, bei denen er ganz offensichtlich auch die Praktiken der Hexenverfolgung kennenlernte. Um nicht in den Verdacht zu geraten, mit dem Teufel im Bunde zu stehen, veröffentlichte er 1631 anonym (Incerto Theologo Romano) eine umfängliche Schrift unter dem Titel „Cautio Criminalis", in der er zum einen die Folter als untaugliches Mittel zur Wahrheitsfindung brandmarkte und zum anderem den Hexenglauben strikt ablehnte, woraus er folgerte, dass die durch Folter erpressten Geständnisse unwahr und die der Hexerei Verdächtigten unschuldig seien. Erst spätere Auflagen und Übersetzungen erweiterten den Titel mit Bezug auf den eigentlichen Inhalt: „Cautio Criminalis oder Rechtliches Bedenken wegen der Hexenprozesse". Als wesentliche Gründe für den Hexenglauben nannte er „Unwissenheit und Aberglaube" und „Neid und Mißgunst", die angeblichen Zaubereien erklärte er als natürliche Phänomene oder bis dato unbekannte Krankheiten.

Das Buch verbreitete sich rasch, und seine Autorenschaft blieb wohl nicht verborgen und gereichte ihm durchaus zum Nachteil. Der Orden versetzte ihn nach Trier, wo er Beichtvater der Gefängnisse und Krankenhäuser wurde. Hier holte er sich im wahrsten Sinne des Wortes den Tod durch Ansteckung, so dass er mit Mitte vierzig verstarb.

Abgestumpft und verroht durch die Gräuel der andauernden Kriegsereignisse des Achtzigjährigen, des Dreißigjährigen und des Truchsessischen Krieges und tief im Aberglauben verhaftet, richteten die als „dubia" (Zweifel) formulierten Einwendungen Spees gegen Folter und Hexenverfolgung zunächst wenig aus.

Auch in unserer Region war der Hexenwahn weit verbreitet. Man muss davon ausgehen, dass hier mehr als 200 Opfer zu beklagen waren. So wurden in Duisburg und Ruhrort nach der Chronik des Johann Wassenberch zu

Beginn des 16. Jahrhunderts mehr als ein Dutzend „Hexen“ hingerichtet, im Zuge des Truchsessischen Krieges und der Eroberung Recklinghausens wohl weitaus mehr. Im gesamten Vest sind es mehr als 100 Hexenprozesse, deren Akten sich in den verschiedenen Archiven erhalten haben und deren Opfer namentlich bekannt sind.

Besonders intensiv scheinen die Damen des Stiftes Rellinghausen (Essen) den „Hexen“ nachgespürt zu haben. Während in Essen selbst nur 32 Verfahren nachweisbar sind, sind es im wesentlich kleineren Herrschaftsbereich des genannten Stiftes 58, von denen 42 mit dem Todesurteil endeten, in Gelsenkirchen 15 und in Horst (Gelsenkirchen) 8. In der Stadt Dortmund waren es knapp 20, denen man auf Veranlassung einer Initiative vor einigen Jahren ein Denkmal in der Nähe der Reinoldikirche errichten und sie rehabilitieren wollte.

Erst mit dem Beginn des 18. Jahrhunderts wurde dem Schrecken ein Ende gesetzt. In Preußen wurden 1714 die Hexenprozesse offiziell verboten. Die letzte „Hexe“ in der Region des Reviers wurde nach langwieriger Folter im Jahre 1706 in Westerholt (Herten) enthauptet. Sie hatte sich gegen die gewalttätigen Annäherungsversuche eines Mannes zur Wehr gesetzt, der daraufhin behauptete, dass diese durch Hexenzauber ihn seiner Manneskraft beraubt hätte, was dann zu ihrer Verhaftung, „peinlichen Befragung“ und schließlich zum Todesurteil führte.

Dem Hexenwahn sind in den zwei Jahrhunderten zwischen Beginn des 16. und dem Anfang des 18. Jahrhunderts nach verschiedenen Schätzungen mehr als 20 000 Menschen zum Opfer gefallen. Dem Bemühen Friedrich Spees war erst viele Jahrzehnte später Erfolg beschieden. Eine Rehabilitierung der unschuldigen Opfer ist – wenn überhaupt – nur zögerlich erfolgt.

3. Der Vorabend des Ruhrgebietes

Carl Arnold Kortum
Der Hirschhausen des 18. Jahrhunderts

Kortum wäre ein echtes Kind des Reviers, hätte es dieses bereits Mitte des 18. Jahrhunderts gegeben. Geboren in Mülheim als Spross einer Apothekerfamilie, besuchte er das Gymnasium in Dortmund, da er dort günstig und verwöhnt bei seinem Onkel wohnen konnte (natürlich ebenfalls Apotheker). Zum Studium der Medizin ging er an die 1655 gegründete Universität nach Duisburg, wo er nach einem sechssemestrigen Studium mit einer Arbeit zur Epilepsie promovierte. Nach einem verhältnismäßig kurzen Intermezzo an der Charité in Berlin ließ er sich als Arzt zunächst in Mülheim, schließlich in Bochum nieder, wo er den Rest seines erfolgreichen Lebens verbrachte.

Über die Grenzen dieser Kleinstadt hinaus bekannt wurde er allerdings nicht als Mediziner, sondern als – heute würde man sagen satirischer – Schriftsteller mit einem gesellschaftskritischen Werk „Leben, Meynungen und Thaten von Hieronimus Jobs, dem Candidaten, Und wie Er sich weiland viel Ruhm erwarb Auch endlich als Nachtswächter in Sulzburg starb“, das unter dem Kurztitel „Jobsiade“ Furore machte und ein Bestseller wurde. In holperigen Knittelversen schildert Kortum das Leben – vor allem das Scheitern seines Antihelden Hieronimus Jobs, eines unbegabten Faulenzers und Taugenichtses, der zunächst Pfarrer werden wollte und als Nachtwächter endete. Das liest sich bei der Schilderung seines theologischen Examens so:

„Nun hub der Assessor an zu fragen:
Herr Hieronimus! thun Sie mir sagen,
Wer die Apostel gewesen sind?

Hieronimus antwortete geschwind:
Apostel nennet man große Krüge,
Darin gehet Wein und Bier zu G'nüge,
Auf den Dörfern und sonst beim Schmaus
Trinken die durstigen Bursche daraus."

Die Jobsiade, die diverse Auflagen erlebte, begründete den schriftstellerischen Ruhm und war allgemein so beliebt, dass knapp ein Jahrhundert später der berühmte Wilhelm Busch daranging, daraus eine Bildgeschichte zu machen. Weiterhin diente sie ihm als Anregung für seinen „Maler Klecksel".

Neben seinem durchaus erfolgreichen und einträglichen ärztlichen Wirken verfasste Kortum nicht nur eine Geschichte der Stadt Bochum, Anleitungen zur Bienenzucht, sondern 1798 auch ein Gesundheitsbüchlein für Bergleute. Er war nämlich vom preußisch/westfälischen Bergamt zum Bergarzt bestellt worden und fühlte sich daher bemüßigt, allgemeine Gesundheitsregeln sowie Erste-Hilfe-Anleitungen für Bergleute in verständlicher Sprache zusammenzustellen. Erstere hören sich so an: „Besonders ist das Brandweintrinken, womit sich sonst die Arbeiter stärken wollen, höchst schädlich und erzeugt Steifigkeit. Auch das viele Tabakrauchen gehört zu den ungesunden Beschäftigungen."

Die ersten Maßnahmen bei Unfall und Krankheit sind in der Regel ausführlich beschrieben, enden aber immer in der Behandlung durch den Arzt, der neben Kräutermedizin vornehmlich Aderlässe und Klistiere verabreicht. Ob sich die einfachen Bergleute eine solche Maßnahme (vor Erfindung der Krankenkassen) leisten konnten, sei dahingestellt. Lediglich bei durch Grubengas (schlechte Wetter) ohnmächtig gewordenen Bergleuten sollte man als erste Maßnahme zwei brennende Tabakspfeifen mit den Köpfen aufeinandersetzen und das Mundstück der einen Pfeife anal einführen und durch das andere Mundstück Tabakrauch in den Darm blasen.

Breiten Raum bei der Darstellung von typischen Bergmannskrankheiten nimmt der Skorbut (Scharbock) ein, dessen Ursache Kortum in der feuchten Grubenluft sieht. Als Behandlung empfiehlt er – durchaus richtig – frische Früchte und Gemüse, vor allem aber den Verzehr von Kalmus. Am Schluss des Bändchens wendet er sich direkt an die Bergleute: „Thätigkeit mit vernünftigem Vertrauen auf Gottes Beistand ist bei allen übrigen Mitteln das beste, um Euch gesund zu erhalten." Schade ist nur, dass dieses Büchlein der Vergessenheit anheimgefallen ist, denn es beschreibt durchaus plastisch die Lebensumstände der Bergleute am Ende des 18. Jahrhunderts.

Die Städte, in denen er geboren wurde, studiert, gelebt und gewirkt hat, haben ihm samt und sonders durch Benennung von Straßen ein Andenken bewahrt. In Bochum findet sich darüber hinaus vor dem Gerichtsgebäude ein Denkmal, das figürlich das Examen des H. Jobs darstellt. In Mülheim an der Ruhr gibt es einen Jobs-Brunnen mitten in der Altstadt neben der Petrikirche zum Gedenken an den großen Sohn der Stadt. Die Figur hat einen dümmlichen Gesichtsausdruck und zeigt den gestreckten Zeigefinger. Die Inschrift am Brunnenrand. „Hieronimus Jobs, der Kandidat" verrät, um wen es sich handelt.

Arnold Andreas Friedrich Mallinckrodt
Mehr als der Herausgeber einer Zeitung

So man sich an diesen Mann überhaupt erinnert, verbindet sich dies mit dem Herausgeber des „Westphälischen Anzeigers", der wohl ersten Zeitung des Ruhrgebietes am Ende des 18. Jahrhunderts.

Geboren in Dortmund, hat er die überwiegende Zeit seines Lebens ebendort verbracht. Er gehörte dem Dortmunder Familienzweig des ursprünglich aus dem Märkischen stammenden Adelsgeschlechtes an, der den Adelstitel abgelegt hatte und im Raume Recklinghausen und Dortmund begütert war. Diese nun Bürgerlichen waren seit dem Ende des 16. Jahrhunderts über Generationen Mitglieder der Gilde der Wandschneider, verdienten also nicht schlecht am traditionellen Tuchhandel der Reichsstadt, stellten regelmäßig Mitglieder des Rates und bekleideten mehrfach das Amt des Bürgermeisters und das des Stadtrichters. Der Onkel unseres Protagonisten war in den 80er Jahren des 18. Jahrhunderts über zwei Jahrzehnte Bürgermeister.

Als Mitglied dieser Patrizierfamilie hatte er nach seinem Studium in Jena und der Promotion zum Dr. jur. eine Karriere in der Administration der alten Reichsstadt vor sich, bei der er zunächst Direktor des dortigen Waisenhauses wurde und ein Ratsmandat innehatte. Aufgrund seiner Ausbildung betätigte er sich daneben auch als Advokat (Rechtsanwalt). Trotz der Errichtung der napoleonischen Herrschaft – Dortmund gehörte seit 1808 zum Großherzogtum Berg – behielt er seinen Posten in der städtischen Verwaltung. Im gleichen Jahre hatte Napoleon die Leibeigenschaft aufgehoben, was insbesondere in den besetzten Territorien zu gravierenden Problemen führte: Die bislang Leibeigenen waren zwar jetzt frei, saßen aber auf Grund und Boden, der dem Adel und den Grundbesitzern gehörte.

Als Jurist sah Mallinckrodt seine Aufgabe darin, den jetzt freien Bauern zu einer Lebensgrundlage zu verhelfen, die mit der Freilassung auch die Übereignung von Grund und Boden verband. Die gerichtlichen Auseinandersetzungen endeten allerdings zuungunsten der Bauern, zum einen weil das Gesetz Napoleons diese Dinge nicht regelte, zum anderen weil die Gerichte der traditionellen Rechtsauffassung folgten.

Man beschimpfte Mallinckrodt als „Franzosendiener" oder auch als „Bauernanwalt". Doch dieser ließ sich nicht unterkriegen, sammelte Geld und schickte einen ehemaligen Dortmunder Leibeigenen namens Johann Gisbert Alef mit einer Petition zu Kaiser Napoleon. Nach geduldigem Warten gelang es diesem tatsächlich wohl mehr durch Zufall, dem Kaiser der Franzosen bei einer Kutschfahrt sein Schriftstück zu übergeben. Auf die Nachfragen Napoleons konnte er allerdings nicht antworten, weil er kein Französisch verstand. Die zweite Ehefrau des Kaisers, Marie Luise von Österreich aus dem Hause Habsburg (von Vorgängerin Josephine hatte er sich scheiden lassen, da sie keine Kinder bekam), übersetzte freundlicherweise, und das Ergebnis war ein kaiserliches Dekret, das die leidige Landfrage zumindest teilweise zugunsten der Freigelassenen regelte.

Der so erfolgreiche Bauer Johann Gisbert Alef hatte allerdings zunächst nichts davon. Zurückgekehrt wurde er erst mal von seinem ehemaligen Grundherrn, der gleichzeitig Ortsbürgermeister war, weggesperrt und anschließend unter Polizeiaufsicht gestellt.

Nach dem Ende der französischen Herrschaft und der Vereinnahmung Dortmunds nach Preußen bemühte sich Mallinckrodt vergeblich um eine Stellung in der jetzt preußischen Verwaltung. Sein Ruf als „Bauernanwalt" mit „bissigem und hämischem" Charakter ließ ihm bei der durchaus noch vom Adel dominierten höheren Administration keine Chance.

Mallinckrodt widmete sich daher verstärkt seinen Publikationstätigkeiten, die er seit mehr als einem Jahrzehnt quasi nebenher betrieben hatte. Seine Arbeiten und Abhandlungen erschienen im bereits seit zwei Jahrzehnten bestehenden familieneigenen Verlag „Verlagsbuchhandlung Gebrüder Mallinckrodt", an dem er ebenfalls beteiligt war. Dort hatte er nach zwei vergeblichen Versuchen ab 1798 eine Zeitung herausgebracht unter dem Namen „Westphälischer Anzeiger" mit dem Untertitel „Vaterländisches Archiv zur möglichstschnellen Verbreitung alles Wissenswürdigen und Nützlichen für Menschenwohl, häusliche und bürgerliche Glückseligkeit, in politischer und moralischer Hinsicht". Sie erschien zunächst zweimal wöchentlich und wurde die erste bedeutende Zeitung des späteren Ruhrgebietes. Dies lag zum einen daran, dass er durchaus bedeutsame Autoren für deren Artikel gewann, zum anderen, dass er selbst eine Vielzahl von Artikeln verfasste, welche die bürgerlichen Freiheitsideale und den Liberalismus zum Gegenstand hatten. Es waren dies allerdings keine Aufrufe zur Demokratie oder gar zur Revolution, sondern es war eher der Ruf nach Reformen und der Überwindung der feudalen Strukturen in einer Art konstitutionellen Monarchie.

Es liegt auf der Hand, dass Mallinckrodt bei der Herausgabe solcher, die Obrigkeit verunsichernden Texte die Zensur auf den Plan rief. Aufgrund der Restriktionen musste er das Erscheinen der Zeitung zeitweise einstellen. Die preußischen Zensoren brachten ihn sogar vor den Kadi, der ihn zu einer zweimonatigen Festungshaft verurteilte, die er aber nicht abzusitzen brauchte. Selbst der Minister vom Stein, der wahrlich kein Freund Mallinckrodts war, fand, dass „die Zeitschrift gut und gemeinnützig" war. Mallinckrodt hatte danach – wie man hier so schön sagt – die Faxen dicke, verkaufte die Zeitung und zog von Dortmund nach Jena. Der Versuch der Herausgabe einer solchen scheiterte dort ebenfalls, ebenso seine Bewerbung um eine juristische Professur an der Universität Jena.

Mallinckrodt kehrte nach Dortmund zurück, kaufte ein Gut in Schwefe (heute Ortsteil von Welver) bei Soest und beschränkte sich den Rest seines Lebens auf die publizistische Tätigkeit mit juristischem Schwerpunkt, aber auch mit landwirtschaftlichen Themen wie „Landwirthschaftliches Taschenbuch zu leichter und zweckmäßiger Notizführung, zunächst für Westphalen und die Rheinlande".

Die Region verdankt diesem nimmermüden Streiter für politische und gesellschaftliche Reformen die erste ernsthafte und vielgelesene Zeitung. Er war ein unermüdlicher Kämpfer für die Bauernbefreiung und für die Aufhebung der Leibeigenschaft, die er hier bereits ab 1808 versuchte ins Werk zu setzen, während sie in Preußen erst 1812 erfolgte. Trotzdem ist die Erinnerung an ihn verblasst.

Gottschalk Diedrich Baedeker
Ahnherr einer Verlags- und Buchhändlerdynastie

Als Gottschalk Diedrich Baedeker den durch seinen Vater in Essen aufgebauten kleinen Buchladen im Jahre 1816 unter seinem Namen als „G. D. Baedeker Verlag“ neu begründete, hat er sicherlich nicht geahnt und gehofft, dass dieser knapp zwei Jahrhunderte überdauern würde. Der durch die Anfänge der Industrialisierung einsetzende Bevölkerungszuwachs ließ nach und nach Verlagswesen und Buchhandel prosperieren. Man verlegte und vertrieb Schulbücher, theologische und technische Schriften und gab verschiedentlich eine Zeitung heraus.

Die vier heranwachsenden Söhne absolvierten Lehren als Buchhändler oder Buchdrucker und traten allesamt in die Fußstapfen des Vaters. Und dann war es beinahe wie im Märchen: Die beiden älteren gingen in die Ferne, um ihr Glück zu suchen, und begründeten dort Buchhandlungen und Verlage. Die beiden jüngeren blieben im elterlichen Betrieb, um den Vater zu unterstützen und den Verlag zum Erfolg zu führen, der nach einem halben Jahrhundert bereits mehrere hundert Publikationen verlegt hatte. Hier seien nur einige wenige Beispiele genannt: F. A. Krummacher, Das Christfest. Eine Schrift für das Volk, 1821; Unterhaltungen für die gebildete Jugend aus dem klassischen Alterthum …, 1829; A. Diesterweg, Wegweiser zur Bildung für deutsche Lehrer, 1844; Die Pädagogik der Volksschule in Aphorismen, 1852; Die gesamten Naturwissenschaften für das Verständnis weiterer Kreise, 1874.

Verlag und Buchhandel blühten daraufhin viele Jahre und Jahrzehnte nicht nur bis an deren Gründer seligen Ende, sondern viele Generationen weiter, bis der böse …

– sorry, nicht wie im Märchen, sondern eine Buchhandelskette – den Buchhandel im Jahre 2007 übernahm.

Baedekers zweitältester Sohn Adolph gründete und betrieb Buchhandlungen in Rotterdam und Köln. Karl, der älteste Sohn, absolvierte ebenfalls eine Buchhändlerlehre, studierte in Heidelberg und eröffnete 26-jährig unter seinem Namen eine Verlagsbuchhandlung in Koblenz. Wenige Jahre später übernahm er die dortige Konkurrenz und damit die Rechte an einem bei ihr erschienenen Reiseführer für eine Rheinreise von Mainz bis Köln. Damit hatte er seine Berufung und auch den wirtschaftlichen Erfolg für seinen Verlag gefunden. Er überarbeitete diesen und entwickelte die ersten verlässlichen Reiseführer, wobei die erweiterte Rheinreise bis 1925 insgesamt 33 Auflagen erlebte. In den folgenden Jahrzehnten erschien eine ganze Reihe von ihm persönlich bearbeiteter Reiseführer – Moselreise, Belgien und die Niederlande, Deutschland und Österreich, Schweiz und Paris –, die weite Verbreitung fanden und ihn sicherlich zu einem der Wegbereiter des Tourismus machten, dies nicht zuletzt auch deshalb, weil er konsequent die Innovation der Zeit, die Eisenbahn, als Beförderungsmittel nutzte und die Wegstrecken, Fahrpreise bis hin zur Ausstattung der Waggons beschrieb.

Die roten Reiseführer wurden im Laufe der Zeit immer kleinteiliger und regionaler und deckten nach und nach alle gängigen Reiseziele des Globus ab; jedoch sucht man im 19. sowie in der ersten Hälfte des 20. Jahrhunderts nach einem Baedeker-Reiseführer über das Ruhrrevier vergeblich. Nur am Ende der 6. Auflage der Rheinreise von 1849 berichtet Karl Baedeker über eine Zugfahrt von Düsseldorf über Elberfeld nach Dortmund und von dort über Essen und Duisburg zurück nach Düsseldorf. Die markanten Sätze daraus seien zitiert:

Dortmund: „... Haltplatz an der Köln-Mindener Eisenbahn, einst eine ansehnliche Reichs- und Hansestadt ..., heute noch ganz mit Mauern umgeben, innerhalb welcher jedoch ein großer Theil des Bodens zu Gärten benutzt wird, wie überhaupt Dortmund eine ausschließlich Ackerbau treibende Stadt geworden ist. Nur einzelne kirchliche Gebäude haben sich erhalten ..., so die große Reinoldikirche, daneben die hohe schlanke schöne Marienkirche."

Essen: „... eine der ältesten Städte der Gegend, ... in deren ... Münsterkirche sich ein merkwürdiger großer siebenarmiger Leuchter aus Erzguß, und neben anderen alten Kostbarkeiten vier Goldkreuze mit Edelsteinen reich verziert, ... befinden. ... Essen ist Mittelpunkt eines der ergiebigsten Steinkohlen-Reviere."

Oberhausen: „In der Nähe des Halteplatzes Oberhausen liegt rechts, ... eines der großartigsten Eisenwerke in Deutschland, Eigenthum der Herren Jacobi, Haniel und Huyssen, Puddlings-(63 Oefen) und Walzwerk, durch acht Dampfmaschinen getrieben und 1600 Menschen beschäftigend; 1 St(unde) von da entfernt die ebenso bedeutende Eisengießerei und Maschinenfabrik Sterkrade oder Gutehoffnungshütte, denselben Herren gehörend. Die ganze Umgebung ist dürres Heideland, die Lipperheide genannt, auf welcher Friedrich der Große gewöhnlich seine Heerschau über die Clevischen Truppen hielt."

Duisburg: „Vor Duisburg, ..., ebenfalls eine sehr alte Stadt, überschreitet die Bahn die Ruhr. Die Salvatorskirche [!], eines der schöneren kirchlichen Gebäude des 15. Jahrh., wird wieder hergestellt."

Als bemerkenswert führte Baedeker noch an, dass die geschilderte Eisenbahnfahrt auf dieser Strecke von Dortmund nach Düsseldorf lediglich viereinviertel Stunden in Anspruch nahm, für das Verständnis der Zeit unglaublich kurz. Das Ruhrgebiet blieb außer diesen kurzen Bemerkungen ein unbeachtetes Stiefkind in den Reiseführern des Verlages.

Erst die 34. Auflage des Rheinlandführers von 1931 erhielt eine Erweiterung mit dem „Rheinisch-Westfälischen Industriegebiet". Es dauerte schließlich bis ins Jahr 1959, bis ein separater Band „Ruhrgebiet" erschien, dies allerdings, wie das Vorwort verrät, nur auf nachdrückliche Anregung von Herrn von Bohlen und Halbach. So ganz überzeugt war man dennoch nicht von den touristischen Attraktionen des Potts, so dass man sowohl Düsseldorf als auch das Bergisch-Märkische Industrierevier und das märkische Sauerland hinzufügte.

Karl Baedeker wie auch seine Nachfolger haben dem Ausgangspunkt ihrer Verlagstätigkeit wenig Bedeutung zugemessen und auch in der Genese des ersten Ruhrgebietsführers lediglich die alten Ausgaben des Reiseführers der Rheinlande angegeben.

Friedrich Arnold Brockhaus
Ein Mann gibt einem Buch seinen Namen

Seit den Hansetagen war die alte Reichsstadt Dortmund ein gutes Pflaster für Handel und Wandel. Auch die dort seit Generationen ansässige Familie Brockhaus lebte im 18. Jahrhundert ganz gut vom Import und Handel mit vornehmlich englischen Wollstoffen. Der hoffnungsvolle Spross der Familie F. A. Brockhaus sollte – wie damals üblich – in das familiäre Geschäft einsteigen. Zu diesem Zwecke verließ er vorzeitig das Gymnasium, begann eine kaufmännische Lehre, die er wiederum abbrach. Anstatt in das väterliche Handelsgeschäft einzusteigen, ging er nach Leipzig, um dort, da er kein Abitur hatte, als Gasthörer an der Universität Vorlesungen verschiedener Fachgebiete zu hören.

Nach eineinhalb Jahren zurück in Dortmund, gründete Brockhaus ein eigenes Unternehmen zum Import englischer Waren mit entsprechend finanzstarken Partnern. Nach einem vielversprechenden Anfang entzweite er sich mit seinem Kompagnon, den er versuchte auszuzahlen, was nur teilweise gelang. Der weiteren Auseinandersetzung entzog er sich, indem er in die Niederlande auswich und sich in Amsterdam mit finanzieller Hilfe seines Bruders und anderer privater Geldgeber eine neue Existenz aufbaute, erneut mit dem Import englischer Waren, aber auch einer Buchhandlung mit angeschlossenem Verlag.

Für diese Unternehmung hatte er im Jahre 1800 auf der Leipziger Buchmesse die Rechte an einem für die damalige Zeit neuartigen Lexikon erworben, von dem bereits einige Bände erschienen waren. Anders als das seit Mitte des 18. Jahrhunderts auf dem Markt befindliche „Zedlers

Universallexikon“ mit insgesamt 64 Bänden, das mehr auf die Wissenschaften ausgerichtet war, sollte dieses neue Lexikon das Bildungsbürgertum ansprechen und ein Hilfsmittel für die gehobene Konversation in den Salons der Zeit sein. Der Titel der ersten Ausgabe macht dies deutlich: „Conversationslexikon oder kurzgefasstes Handwörterbuch für die in der gesellschaftlichen Unterhaltung aus den Wissenschaften und Künsten vorkommenden Gegenstände“. Dieses Werk erschien dann 1809 in sechs Bänden in Amsterdam. Die Idee zu diesem Lexikon, das bis in unsere Zeit Eingang in die Bücherschränke des Bildungsbürgertums gefunden hat, stammte also nicht von Brockhaus, er hat lediglich ihr Potential erkannt und ihm gebührt die verlegerische Leistung.

Die napoleonische Kontinentalsperre, die sich mit der Eroberung der Niederlande durch die Franzosen auch negativ auf die Amsterdamer Aktivitäten auswirkte, brachte Brockhaus wiederum in die Nähe des Bankrotts, so dass er nach Leipzig und wenig später nach Altenburg in Thüringen umzog, wo er sich auf die verlegerische Tätigkeit beschränkte. Er publizierte ein Periodikum, „Die Deutschen Blätter“, ein halboffizielles Nachrichtenblatt der gegen Napoleon verbündeten Mächte, für das er selbst den Bericht über die Völkerschlacht bei Leipzig beisteuerte.

Finanziell ein Erfolg war auch eine zweibändige Literaturgeschichte vom Beginn des 18. Jahrhunderts bis auf seine Zeit, so dass er sich an die 2. Auflage des Conversationslexikons machen konnte, das heute seinen Namen trägt. Dieses umfasste bereits zehn Bände, die ab 1812 in den folgenden sechs Jahren erschienen.

Der finanzielle Erfolg reichte, um wieder nach Leipzig umzusiedeln und den Verlag dort unter dem Namen F. A. Brockhaus fortzuführen.

Beeinträchtigt wurde der Erfolg seines Lexikons durch einen bedeutend billigeren Nachdruck (heute würde man sagen: eine Raubkopie), der bei einem württembergischen Verlag erschien. Dies war de jure durchaus rechtens, da es weder ein einheitliches Deutschland noch ein überall gültiges Copyright gab.

Zum Jähzorn neigend, setzte Brockhaus alle möglichen Mittel ein, um den weiteren Nachdruck zu verhindern. Er prozessierte und verlor, verfasste Flugblätter, in denen er den Diebstahl geistigen Eigentums beklagte, schrieb an Zeitungen und selbst an die Bundesversammlung des Deutschen Bundes, die in Frankfurt tagte. Er warnte sogar die Leser seiner Bücher durch eingelegte Blätter vor der billigen Kopie. Wenn er auch durch Rechtsmittel keinen Erfolg erzielen konnte, so gab doch die öffentliche Meinung der Leserschaft den Ausschlag, so dass jetzt häufiger der „echte Brockhaus" über die Ladentheke ging, weshalb die vierte und schließlich auch die fünfte Auflage dieses Werkes in Angriff genommen werden konnte. Schließlich hat er auch noch die sechste Auflage mit vorbereitet, ihr Erscheinen aber nicht mehr erlebt.

Das Lexikon, das mit seinem Namen verbunden ist, hat in den nächsten zwei Jahrhunderten eine Vielzahl von Auflagen erlebt und ist im Laufe der Zeit auf gut zwei Dutzend Bände angewachsen, ähnlich wie das Konkurrenzprodukt Meyers Lexikon, das erstmalig 1840 erschien.

Bis zum Jahrtausendwechsel war der Brockhaus eine der Anschaffungen fürs Leben, die junge Familien tätigten. Mit der Erfindung des Internets, der damit verbundenen Informationsflut und besonders mit dem Internetlexikon „Wikipedia" hatte sich der gedruckte Informationsschatz, der Thesaurus der Enzyklopädie, der ca. zwei Meter im Bücherschrank füllte, überlebt, und die Druckversionen wurden eingestellt. Die junge Generation betrachtet ein Konversationslexikon heute wohl mehr als einen Dinosaurier der Vor-Informationsgesellschaft.

Friedrich Arnold Brockhaus aus Dortmund hat seinen Namen mit der Benennung seines Lexikons, das Generationen zur schnellen Information nutzten, unsterblich gemacht, wenn auch in Dortmund kaum etwas an den berühmten Sohn der Stadt erinnert.

Luise Herzogin zu Mecklenburg-Strelitz, „Königin der Herzen“ (nicht nur der Mülheimer)

Besucht man die Homepage der Stadt Mülheim an der Ruhr, so findet man unter der Rubrik „Historische Persönlichkeiten“ die Kurzbiografien von 21 Personen – allerdings nur die von zwei Frauen, nämlich die von Clärenore Stinnes und die von „Prinzessin Luise“, der späteren preußischen Königin. Dieser werde in Mülheim als „Königin der Herzen“ ein besonderes Andenken bewahrt, das sich nicht allein in Straßennamen und Ähnlichem manifestiere, sondern auch in Erinnerungen, Anekdoten und sagenhaften Erzählungen bis heute präsent sei. Diese gehen auf lediglich zwei Besuche der Prinzessin Luise in den Jahren 1787 und 1791 zurück, als sie in Begleitung ihrer Schwester Frederike mit ihrer Großmutter Marie Luise Albertine von Leiningen, der das Erbe der Herrschaft Broich zugefallen war, die Sommermonate auf Schloss Broich verbrachte.

Über den Verlauf dieser Aufenthalte sind wir durch die Aufzeichnungen von Salomé de Gélieu, der Gouvernante beider Kinder (Luise war beim ersten Aufenthalt elf und beim zweiten fünfzehn), informiert. Bei allem aristokratischen Habitus hatten Luise und Frederike durchaus Kontakte zu Gleichaltrigen der Untertanen ihrer Großmutter, spielten miteinander und vertrieben sich gemeinsam die Zeit. Die leutselige und kontaktfreudige Luise soll sogar bei solchen Gelegenheiten mit Vergnügen am Tisch der kleinen Leute gesessen und saure Milch mit dem Holzlöffel aus irdenem Geschirr und Kartoffeln mit Hering gegessen haben und in Holzschuhen (selbstverständlich extra für sie angefertigt) herumgelaufen sein, wie sauertöpfig von der Gouvernante berichtet wurde.

In diesen Zusammenhang fällt auch die mehr sagenhafte Erzählung, dass die spielenden Kinder von einem Gewitter überrascht wurden und eines der Mädchen in der Obhut Luisens verblieb, weil deren Vater, welcher der Kutsche der Großmutter voranzulaufen hatte, krank daniederlag. Luise brachte die Großmutter dazu, zukünftig auf diesen Dienst zu verzichten.

Aufgrund dieser und anderer Begebenheiten waren und sind die Mülheimer offensichtlich der Ansicht, dass die besonderen Beziehungen der späteren Königin Luise zu Broich und ihrer Stadt allgemein und überregional bekannt seien. Sie sind Teil des Mythos, der sich um diese Frau schon zu Lebzeiten, besonders aber nach ihrem frühen Tode entwickelt hat.

In Alstaden (Oberhausen), das damals zu Broich gehörte, hat sich die Geschichte erhalten, dass Luise auf einer bäuerlichen Hochzeitsfeier ebendort erschien und dem Brautpaar eine Bibel schenkte.

Das Schicksal der Königin Luise war eher tragisch, obwohl es mit einer Traumhochzeit begann. Die 17-Jährige heiratete den fünf Jahre älteren preußischen Kronprinzen Friedrich Wilhelm, der vier Jahre später als Friedrich Wilhelm III. den preußischen Thron bestieg. Überschattet wurden die insgesamt 17 Ehejahre des jungen Paares (in denen Luise zehn Kinder gebar, von denen sieben das Erwachsenenalter erreichten) von den Kriegen gegen Napoleon, der die vereinigten russischen und österreichischen Armeen 1805 bei Austerlitz geschlagen hatte. Preußen sah sich danach genötigt, im Oktober des folgenden Jahres dem anrückenden Korsen den Krieg zu erklären. Wenige Tage später erlitt das preußische Heer eine vernichtende Niederlage bei Jena und Auerstedt, so dass Napoleon am 27. Oktober siegreich in Berlin einziehen konnte. Königspaar samt Hofstaat flohen nach Ostpreußen, schließlich in dessen östlichsten Zipfel Memel, wo Luise an Typhus erkrankte. Der letzte Versuch der russischen Truppen, gemeinsam mit den Resten des geschlagenen preußischen Heeres die französische Militärmacht aufzuhalten, scheiterte bei Friedland, so dass Napoleon die Friedensbedingungen diktieren konnte.

Im Vorfeld des Friedens von Tilsit kam es zur berühmten Zusammenkunft von Luise und Napoleon, die diesen vergeblich um erträgliche Bedingungen bat, was weiterhin ihren Mythos beförderte.

Gesundheitlich angeschlagen, konnte Luise, die ihren wenig aktiven Mann nachhaltig unterstützte, zwar 1809 nach Berlin zurückkehren und mit Hardenberg und vom Stein die überfälligen Reformen in Preußen ins Werk setzen, aber auf einer Reise im folgenden Jahr starb sie in Hohenzieritz an einer Lungenentzündung, gerade einmal Mitte dreißig.

Bereits mit der Überführung der sterblichen Überreste nach Berlin begann der Hype um die allseits beliebte Königin. Ihr Mausoleum in Berlin wurde gleichsam zum Wallfahrtsort, die Literatur – allen voran Novalis – feierte und verklärte Luise zum Bild der idealen Königin.

In Mülheim wurde der Kult um die tote Königin weiterhin angeschoben, als im Zuge der Befreiungskriege am 24. Februar 1814 eine Abteilung der Schill'schen Husaren (elf der von den Franzosen gefangenen Schill'schen Offiziere hatte man Jahre zuvor in Wesel erschossen) just in Mülheim nicht nur den König hochleben ließ, sondern auch nachdrücklich an Luise erinnerte.

Luises Sohn, Wilhelm I., suchte im Jahre 1870 vor Beginn des Krieges gegen Frankreich das Mausoleum seiner Mutter auf und kam danach siegreich als deutscher Kaiser zurück. Und als Wilhelm II. Ende Februar 1881 Auguste Viktoria von Schleswig-Holstein ehelichte, schickten die „Bürgermeister des Ruhr-, Lippe- und Emschertales“ eine Glückwunschadresse mit einem Efeukranz, gebunden von den Ranken des Schlosses Broich, „von denen die Freundin der Natur und alles Edlen und Schönen – die hochselige Königin Luise – bei ihrem hiesigen Verweilen in froher, ungetrübter Jugendzeit mit hiesigen Gespielinnen ihre Kränze wand“.

Wie Wilhelm II. auf das an seine Urgroßmutter verweisende Geschenk reagiert hat, ist nicht überliefert. Festzuhalten ist allerdings die Tatsache, dass Luise die einzige Königin Preußens ist, derer man sich im Ruhrgebiet auch namentlich erinnert und ein Andenken bewahrt. Und selbst wenn man den Bogen zeitlich weiter spannt, bleibt die letztendlich tragische Figur der Königin Luise weitgehend einzigartig, vielleicht mit Ausnahme der Theophanu. Sie ist auch die einzige Regentin, deren Konterfei es auf die Briefmarke einer Dauerserie der Deutschen Bundespost geschafft hat.

Friedrich Wilhelm Harkort
Mehr als ein Dampfmaschinenbauer

Geboren 1793 nahe Haspe (Hagen) – heute eher bekannt durch den dort produzierten Doppelwacholder –, absolvierte der Spross einer dem Metallgewerbe verbundenen Patrizierfamilie nach dem Schulbesuch eine kaufmännische Lehre, wurde Soldat in den Befreiungskriegen gegen Napoleon und gründete als Technikbegeisterter durchaus in der Familientradition auf Burg Wetter die „Mechanische Werkstätte Harkort & Co.". Produziert wurden nach englischem Vorbild Dampfmaschinen und mechanische Webstühle, Erstere vornehmlich für die Wasserhaltung der entstehenden Zechen, die Letzteren für die bergische Textilfabrikation, der er durch seine Lehre – wie auch durch seine Ehefrau – verbunden war.

Die für die Zeit innovativen Maschinen fanden zunächst durchaus reißenden Absatz, nicht zuletzt aufgrund ihrer Qualität, die maßgeblich daraus resultierte, dass Harkort Arbeiter und Techniker aus England beschäftigte und sich deren Wissen und Fertigkeiten zunutze machte. Dauerhafter wirtschaftlicher Erfolg war ihm damit allerdings nicht beschieden, da er ähnlich wie die Dinnendahls in Essen sich mehr dem technischen Fortschritt als den kaufmännischen Erfordernissen verschrieb, so dass er nach knapp drei Jahrzehnten aufgrund von Liquiditätsproblemen aus der Firma ausscheiden musste und gepfändet wurde.

Harkorts visionäre Begeisterung für die Möglichkeiten der neuen Technik manifestierte sich vor allem in der Eisenbahn, die er in England kennengelernt hatte. Bereits 1825, knapp ein Jahrzehnt vor der ersten Eisenbahnlinie von Nürnberg nach Fürth, veröffentlichte Harkort einen

Artikel in der Zeitschrift „Hermann. Zeitschrift von und für Westphalen“ (erschien seit 1814), mit dem er auf die Vorzüge des neuen Transportmittels hinwies und die Notwendigkeit des Baus und des Betriebes einer solchen für die Entwicklung und Prosperität von Industrie und Wirtschaft postulierte. Ganz konkret zeigte er an diversen Beispielen die Vorzüge der neuen Technik auf: „Eine Maschine von 8 Pferde Kraft würde innerhalb 3 Stunden 1000 Scheffel Kohlen von Steele nach dem Rheine schaffen.“ Oder: „Innerhalb 10 Stunden könnten 1000 Centner von Duisburg nach Arnheim geschafft werden.“

Überzeugt vom Siegeszug der Technik, schrieb er allen Skeptikern ins Stammbuch: „Die Generation nach uns wird sich wundern, wie es möglich war, daß ihre Väter so bedenkliche Gesichter bei einer so einfachen und nützlichen Sache machen konnten.“

Harkort hat es nicht geschafft, die Dampfmaschine mit Rädern zu versehen und auf Schienen zu stellen. Das gelang erst 1839 der Konkurrenz aus dem westlichen Ruhrgebiet. Er brachte lediglich eine schienengebundene, von Pferden gezogene Kohlenbahn zustande, die über knapp 8 Kilometer von einer Zeche zu seiner Maschinenfabrik führte und diese mit Kohlen versorgte. Ende der 1820er Jahre gründete er eine Eisenbahngesellschaft (Prinz-Wilhelm-Gesellschaft), die letztendlich die Bahn von Vohwinkel bis an die Ruhr bei Überruhr (Essen) baute.

Harkort hat, da er ein beinahe biblisches Alter erreichte, den Siegeszug der Eisenbahn noch erlebt, ohne daran weiterhin teilzuhaben. Die Verwirklichung seines zweiten großen Lebenszieles, der Bildung, Aufwertung und sozialen Absicherung des neu entstandenen industriellen Proletariats, das er patriarchalisch als Aufgabe der Obrigkeit und der Politik gesehen hat, hat er nicht mehr erlebt. Erst nach seinem Tod folgte die Bismarck'sche Sozialgesetzgebung dem Weg, den er vorgezeichnet hatte.

Sein Bemühen galt vor allen Dingen der Reform der elementaren Schulbildung, die bis auf seine Zeit in den Händen der kirchlichen Institutionen lag und wenig mehr als Lesen, Schreiben, Rechnen sowie die Religionslehre vermittelte. Er forderte eine hinreichende Lehrerausbildung und die Vermittlung „gemeinnütziger Kenntnisse" in der „Volksschule", welche die Schüler in die Lage versetzen sollte, den gestiegenen Ansprüchen der Industriearbeit gerecht zu werden.

Sein Engagement im Bildungs- und sozialen Bereich gewann an Bedeutung und Beachtung, als er im Rentenalter nach Zwischenstationen im Westfälischen Provinziallandtag und in der konstituierenden preußischen Nationalversammlung 1867 als Mitte 70-Jähriger zum Mitglied des Norddeutschen Reichstages gewählt wurde. Mit der Reichsgründung 1871 kam er in den Reichstag, in dem er sich damit hervortat, die brennenden sozialen Fragen zu problematisieren. So forderte er, um nur einige Beispiele zu nennen, das Verbot jeglicher Kinderarbeit, die soziale Absicherung der Arbeiterschaft samt ihrer Familien, schließlich sogar eine „Gewinnbeteiligung der Arbeiter" am Ertrag der Unternehmen.

Anders als sein Zeitgenosse Marx, der die Veränderung durch die Initiative des Proletariats als notwendig erachtete, sah er eine solche als Aufgabe der Unternehmer und des Staates, die das Wohlergehen des „braven Arbeiters" zu gewährleisten und zu fördern hätten. Von diesen unterschied sich nach Harkorts Auffassung der Proletarier, der sein Handwerk nicht versteht, verwahrlost seine Lebensaufgabe nicht erkennt und so lediglich zum Schaden der Gesellschaft agiert.

In seiner Wirkung war Harkort zum einen einer der entscheidenden Wegbereiter der Eisenbahn in Deutschland, andererseits hatte er die Vision eines sozialen Staates, in dem auch die Integration des durch die Industrialisierung entstandenen 4. Standes, der Arbeiterschaft, gelang. Die Nachwelt sah in ihm dann vornehmlich einen Pionier der aufblühenden Ruhrgebietsindustrie, was dazu führte, dass man Harkort ab und zu auch als „Vater des Ruhrgebietes“ bezeichnete.

Wilhelm Tourneau
Bürgermeister, der das Biertrinken empfahl

Es ist ein Irrtum, nach der Überschrift anzunehmen, dass die Bottroper und Osterfelder sich einen Brauereibesitzer zum Bürgermeister bestimmt hätten. Dieser Wilhelm Tourneau war vielmehr ein zugereister Protestant aus Duisburg, Spross einer ursprünglich französischen Familie, die aus Glaubensgründen im 16. Jahrhundert – etwa zur gleichen Zeit wie Gerhard Mercator – in dieses Refugium protestantischen Glaubens geflohen war.

Nach seiner Gymnasialzeit kämpfte Tourneau als Freiwilliger gegen die napoleonische Herrschaft und wurde nach deren endgültiger Niederlage – da er nichts Rechtes gelernt hatte – Sekretär seines ehemaligen militärischen Befehlshabers, des Freiherrn von Wenge, der auf Schloss Beck nahe Kirchhellen (Bottrop) residierte. Dieser siegreiche Soldat wurde von der preußischen Administration zum Amtmann der dörflichen Gemeinden von Bottrop, Kirchhellen und Osterfeld bestellt. Doch als Offizier und Kommisskopp sah er seine Berufung absolut nicht in der preußischen Verwaltung und setzte es deshalb ins Werk, dass sein Adlatus Tourneau diese Aufgabe übernahm und als Mittzwanziger zunächst Amtmann und bald darauf Bürgermeister von Kirchhellen, Bottrop und Osterfeld (Oberhausen) wurde.

Den Preußen war er genehm, da er evangelisch war, den Einwohnern weniger, da er bei seinem Amtsantritt und in den folgenden Jahren mit seiner Familie der einzige Protestant am Orte blieb. Lediglich in Osterfeld gab es noch eine Familie evangelischen Glaubens, Jacobi, die Inhaber der St.-Antony-Hütte. Zur Kirche mussten diese des

Sonntags nach Holten (Oberhausen) in die evangelische Kirche. Dennoch ging der junge Mann mit Elan an die ihm gestellte Aufgabe. Er brachte seine sturen westfälischen Bauernköpfe auf preußisch geprägten Vordermann.

Tourneau ließ die Straßen in den ihm anvertrauten Dörfern pflastern, Wege und Brücken erneuern und befestigen und zwang die Hausbesitzer mit mehr oder weniger Druck in die Feuerversicherung. Er kümmerte sich um das Schulwesen, das damals noch in der Hand der Kirche lag, und er propagierte nachdrücklich die Pockenschutzimpfung, um nur einiges zu nennen. Kurz, er unternahm es, seinen überwiegend bäuerlichen Mitbewohnern preußische Ordnung beizubringen.

So ordnete er an, dass die neu gepflasterten Straßen zu kehren seien. Schließlich war man bis dato gewohnt, den Abfall und andere unappetitliche Dinge einfach auf die Straße zu werfen. Wer nicht kehrte, zahlte eine Strafe von bis zu 1 Taler. Dagegen zogen die Bottroper vor Gericht und unterlagen durch die verschiedenen Instanzen, mussten zahlen und die Straße kehren.

Er beförderte das Marktgeschehen, indem er Pferderennen und Pferdzuchtschauen veranstaltete, so dass auf ihn der Bottroper Pferdemarkt zurückgeht. Er erreichte es, dass eine Postkutschenlinie durch Bottrop und eine Poststelle eingerichtet wurden. Sein Bemühen, die Eisenbahnlinie durch seine Dörfer fahren zu lassen, war nicht von Erfolg gekrönt. Die Ende der 40er Jahre des 19. Jahrhunderts gebaute Köln-Mindener Bahn blieb südlich der Emscher und führte vom späteren Oberhausen über Dellwig nach Bergeborbeck (beide Essen).

Genauso vergeblich war seine Idee, auf dem Boden seiner Gemeinden ebenfalls wie in den Regionen südlich der Emscher Steinkohlen finden zu können. Zusammen mit finanziell potenten Mitgliedern seiner Gemeinde beantragte und erhielt er diverse Schürfscheine, beschaffte entsprechendes Bohrgerät und brachte an verschiedenen Stellen Bohrungen nieder, die gut 100 Meter Teufe erreichten, allerdings so erfolglos blieben, dass er schließlich das Bohrgerät qua Zeitungsannonce veräußerte.

Tourneaus Bemühen um Bürgernähe war durchaus vorhanden, aber nur von mäßigem Erfolg gekrönt. So beteiligte er sich am Vogelschießen des örtlichen Schützenfestes, schoss den Vogel ab und wurde Schützenkönig. Zum Eklat kam es, als der eingefleischte Protestant niemand anderen als seine Ehefrau als Schützenkönigin zu akzeptieren bereit war. Damit endete abrupt das Schützenfest, bevor es eigentlich begonnen hatte, und in den folgenden Jahren fielen die Schützenfeste aus.

Bottrop und vor allem Osterfeld profitierten von der Entwicklung der Eisenherstellung und -verarbeitung der St.-Antony-Hütte und dem Betrieb der Hütte und des Walzwerkes südlich der Emscher. Die zugezogenen Arbeiter waren vielfach als Kostgänger bei den eingesessenen Familien untergebracht und mussten entsprechend versorgt werden. Nicht zuletzt deswegen war die Zahl der Kneipen und Schankwirtschaften in Bottrop und Umgebung durchaus überproportional hoch. (Bottrop ist übrigens einer der wenigen Orte, in denen die Geschichte der Kneipen historisch gut aufbereitet ist.)

Ob nun aus Sorge um die Volksgesundheit oder aber aus preußisch/protestantischem Ordnungssinn gründete Tourneau mit gleichgesinnten Bürgern einen Mäßigkeitsverein, der es sich zum Ziel gesetzt hatte, das übermäßige Schnapstrinken zu unterbinden. Die Wirte, die unter gelindem Druck der Obrigkeit diesem Verein beitraten, wurden angehalten (um nicht zu sagen verpflichtet), an

Stelle der hochprozentigen Getränke „gutes Bier“ an die Gäste auszuschenken, das damals noch in den diversen Kneipen gebraut wurde.

Schon damals stand man dem Zuzug fremder Arbeiter durchaus kritisch gegenüber. Man verstieg sich sogar dahin, eine Zuzugsgebühr von 15 Talern zu erheben, um die Flut einzudämmen, und als der Hüttendirektor Lueg die Siedlung Eisenheim (Oberhausen) für seine Arbeiterschaft bauen wollte, verweigerte der Bürgermeister beharrlich die Baugenehmigung, so dass die Bauarbeiten ohne Genehmigung illegal begonnen wurden. Tourneau wollte schlicht die Armenkasse seiner Gemeinde schonen.

Als er nach dreißig Jahren gleichsam durch eine Intrige aus dem Amt geworfen wurde, hatte er die ihm anvertrauten Gemeinden ins Industriezeitalter geführt und zu blühenden Dörfern gemacht.

Obwohl er nach Ernst Wilczok die längste Amtszeit eines Bürgermeisters in Bottrop und Osterfeld (1821–1851) aufzuweisen hat, ist die Erinnerung an Wilhelm Tourneau in Bottrop dürftig und die von ihm verfasste Chronik bis heute nicht gedruckt, ein überaus spannendes Zeugnis der ersten Tage der Industrialisierung dieser Region.

Prosper Ludwig von Arenberg Fürst von Recklinghausen

Als Napoleon mit seinen Eroberungskriegen die Staaten Europas durcheinanderwirbelte, besetzte und beanspruchte Frankreich die Territorien auf der rechten Rheinseite. Die dort herrschenden Territorialherren wurden kurzerhand enteignet und – so sie dem Korsen entsprechend an der Jacke zogen – mit den säkularisierten ehemaligen geistlichen Herrschaftsgebieten rechts des Rheins entschädigt.

So erhielt die Familie der Arenberger, sie war ursprünglich linksrheinisch in der Eifel bei Ahrweiler begütert, das Vest Recklinghausen, welches bis dahin zum Erzbistum Köln gehört hatte, als Entschädigung. Zwar war man, wie Tagebuchaufzeichnungen unseres Protagonisten von seiner ersten Reise belegen, so gar nicht begeistert von der Einöde der Heidelandschaften (er reiste von Sterkrade über Osterfeld, beide heute Oberhausen, nach Bottrop, wo er Milchsuppe und Eier aß, und nach Recklinghausen und Dorsten). Zitat: „Der Grenzübertritt an dieser Stelle erweist sich als wenig erfreulich, denn das Land ist nur eine unendliche, landwirtschaftlich ungenutzte, da völlig unbewohnte Heide.“ (übersetzt aus dem Französischen) Arenberg richtete sich aber ein und organisierte von der Stadt Recklinghausen aus die Verwaltung.

Als Vater Ludwig erblindete, übernahm Sohn Prosper als 18-Jähriger die Herrschaft, sicherlich mit Wohlwollen des Kaisers der Franzosen, da er zwischenzeitlich eine Cousine der Kaiserin Josephine geehelicht hatte.

Für die Bewohner des Vestes war diese Zeit unmittelbarer arenbergischer Herrschaft nicht prickelnd. Zum einen wurde die Steuerlast fortwährend erhöht, zum anderen erwies sich der junge Prosper durchaus als Spaßbremse. Zunächst verbot er für die Stadt Dorsten das Schützenfest und löste den Schützenverein auf. Sechs Monate später schränkte er die Feier anlässlich von Kindstaufen rigoros ein, indem er „deren Regalisierung mit Liqueur, Branntwein, Kaffee, Backwerk und desgleichen [...] überhaupt alle Vor- und Nachmittagszechereien“ bei Strafe von 5 Goldgulden verbot.

Drei Jahre später wurde es noch restriktiver, als er den Verkauf von „Kaffee, Zucker und anderen Spezerei- und Luxuswaren“ in den ländlichen Regionen untersagte und hinterfotzig den Denunzianten die Hälfte der illegal verkauften Ware zubilligte.

Um dem Ganzen die Krone aufzusetzen, regelte er ein Jahr später in der „Begräbniß-Ordnung“ vom 16. Januar 1809: „Alle, bei Gelegenheiten von Todesfällen und Begräbnissen sonst üblichen Zechereien [...] werden hiermit gänzlich untersagt.“

Die zahlreichen Durchzüge militärischer Einheiten mit Einquartierungen und erzwungenen Hilfsleistungen schädigten die eingesessene Bevölkerung schwer. Diese „Kriegslasten“ fernab der Schlachtfelder waren vielfach gravierend, mussten aber zähneknirschend von den kleinen Leuten ertragen werden, waren dies in der Mehrzahl doch verbündete Truppenteile, welche die Vorräte wegnahmen und die Gegend im wahrsten Sinne des Wortes leer fraßen. Von August bis November 1808 waren es mehr als 15 000 Soldaten mit rund dreieinhalbtausend Pferden.

Als getreuer Gefolgsmann des Korsen leistete Prosper von Arenberg darüber hinaus auch mit seinem Regiment militärische Hilfe, vornehmlich im spanischen Krieg, in dessen Verlauf er nach Verwundung in britische Gefangenschaft geriet, wo er einige Jahre zubringen musste.

Napoleon lohnte ihm diesen Einsatz für die französischen Fahnen allerdings nicht, sondern schlug das Vest Recklinghausen mit Edikt vom Dezember 1810 gegen das Versprechen einer geldlichen Abfindung kurzerhand dem Großherzogtum Berg zu.

Als man sich nach Waterloo auf dem Wiener Kongress zum Zwecke der Neuordnung der Herrschaften zusammensetzte, bemühte man sich von Seiten der Arenberger, die Herrschaft im Vest zurückzuerhalten. Aber als ehemalige Verbündete und Paladine der Franzosen hatte man schlechte Karten, setzte auf das falsche „Pferd“ Talleyrand, und ihr ehemaliges Herrschaftsgebiet wurde dem Königreich Preußen zugeschlagen. Gleichsam als Trostpflaster blieb man „Standesherr“, was zum einen Steuerfreiheit gewährte, zum anderen den weiteren Besitz der Regalien beinhaltete, so auch das Bergregal, und schließlich einen erblichen Sitz im preußischen Herrenhaus.

Die Überlassung des Bergregals war zum Zeitpunkt 1815 durchaus vernachlässigbar, gab es doch in diesem bäuerlich geprägten Landstrich keine für damalige Verhältnisse abbauwürdigen Bodenschätze. Das änderte sich grundlegend, als mit dem Aufkommen der Dampfmaschine, dem Eisenhüttenwesen und der Eisenbahn der Bedarf an Steinkohle dramatisch stieg und man unter dem Boden der Heide ebenfalls Steinkohle vermutete wie im benachbarten Ruhrtal. In der zweiten Hälfte der 40er Jahre des 19. Jahrhunderts suchte man massenweise bei der arenbergischen Domänenkammer um Schürfscheine nach, um nach Kohlen bohren zu können. Allein der erste Bottroper Bürgermeister und seine Familie erwarben etwas mehr als 30 davon, um an den verschiedensten Stellen der Gemeinden Bottrop und Kirchhellen nach Steinkohlen zu bohren, allerdings ohne jeden zählbaren Erfolg.

Als zu Beginn der 50er Jahre des 19. Jahrhunderts südlich von Bottrop in der Nähe der Emscher in erreichbarer Tiefe Kohlen gefunden wurden, nannte man die bald darauf entstandene Zeche nach dem ehemaligen Territorialherrn „Prosper“. Deren Betreiberfirma führte den Namen „Arenberg“ in der Firmenbezeichnung, und schließlich gab es in der Folgezeit Zechen mit diesem Namen „Arenberg“ und „Arenberg Fortsetzung“.

Ob seine Zeitgenossen, die Untertanen seiner siebenjährigen Herrschaft, Arenberg ein solches Andenken bewahrt hätten, darf zumindest bezweifelt werden. Letztendlich verdient gemacht hat er sich um den Weiterbau des Kölner Doms, der nach dem Ende der französischen Herrschaft in Angriff genommen wurde. Dazu spendete er jährlich 1000 Taler.

Henriette Davidis
Lecker essen macht Spaß

Ihr „Praktisches Kochbuch“ prägte und beeinflusste das Essen ganzer Generationen, da Hausfrauen und Mütter seit der Mitte des 19. Jahrhunderts nach ihren Rezepten und Küchentipps die tägliche Verpflegung für ihre Familien zubereiteten. Das Buch wurde von Generation zu Generation weitergereicht oder in neu bearbeiteten Auflagen gekauft und unterschied sich von den bis dahin erschienenen Kochbüchern grundlegend insofern, als hier nicht „Kochkunst“ vermittelt wurde, sondern handfeste Gerichte sowie eine praktische Anleitung zur Haushaltsführung, Ordnung, Sauberkeit und vor allem Sparsamkeit in Küche und Hauswirtschaft Inhalt waren. Davidis war überzeugt, dass Hausfrau zu sein ein anspruchsvoller Beruf war, der eine Vielzahl von Fertigkeiten und Kenntnissen erfordere, die den Mädchen und jungen Frauen mit auf den Lebensweg gegeben werden sollten.

Als eins von dreizehn Kindern eines evangelischen Pfarrers und dessen niederländischer Ehefrau in Wengern (Wetter) geboren, besuchte sie die Höhere Töchterschule und half – unverheiratet, da die beiden Männer, mit denen sie sich verlobt hatte, vor der Heirat starben – in den Haushalten ihrer Eltern und Geschwister. Später arbeitete sie als Erzieherin („Gouvernante“ hieß das damals) unter anderem in einer „Mädchenarbeitsschule“ in Sprockhövel, in der „armen Kindern weiblichen Geschlechts“ die grundlegenden Fertigkeiten zur Führung eine Haushaltes in sozial schwachem Milieu vermittelt wurden. Zu dieser Zeit entstand ihr Kochbuch, das zu ihren Lebzeiten 21 Auflagen erlebte.

Henriette Davidis selbst hat trotz des auch wirtschaftlich großen Erfolges ihres Buches kaum von den Erträgnissen leben können. Kaufmännisch unerfahren, hatte sie die Rechte an ihrem Kochbuch „für en Appel und en Ei“ an den Verlag Velhagen & Klasing abgetreten. Auch bei den vielen weiteren Auflagen war sie nicht am Verkaufserfolg beteiligt, sondern wurde selbst nach Verlagswechsel mit Einmalhonoraren für die Überarbeitung abgespeist, mit denen sie ihr Leben verhältnismäßig bescheiden fristete.

Ihr „Praktisches Kochbuch“ überlebte sie und wurde von diversen Bearbeiterinnen immer wieder verändert, den modernen Entwicklungen in der Küche und den veränderten Geschmäckern angepasst und bis in die Mitte des 20. Jahrhunderts erfolgreich in insgesamt 62 Auflagen verkauft. Eine der letzten Bearbeiterinnen war Erna Horn, sie war gleichzeitig Verfasserin einer „Hohen Schule der Lebensart“, einer Art Knigge für die kleinbürgerlichen Schichten und deren Umgangsformen, welcher dem Verfasser dieser Zeilen von seiner „Lieblingstante“ zur Kommunion geschenkt wurde, ein „höchstbegehrtes Geschenk“ für einen Achtjährigen.

Wenn man sich die Rezepte des „Praktischen Kochbuches“ genauer ansieht, stellt man fest, dass diese nicht für die unteren sozialen Schichten des im Ruhrgebiet entstehenden Proletariats von Bergleuten und Industriearbeitern gedacht waren, sondern sich eher an die begüterten Haushalte richteten. Die Fleischmengen beispielsweise, die Jungfrau Davidis bei vielen Rezepten zugrunde legte, kosteten häufig weit mehr, als ein Püttrologe pro Schicht verdiente; weitere hatten Zutaten, die sich der „normale“ Haushalt sicherlich nicht leisten konnte. Da hieß es in erster Linie, satt zu werden. Das Kochbuch erreichte außerdem bereits 1867 einen Umfang von annähernd 600

Seiten, die einen Kaufpreis erforderten, der die Möglichkeiten des „kleinen Mannes“ überstieg.

Neben der steten Verbesserung des Kochbuches schrieb Davidis weitere Bücher, die im Wesentlichen die Haushaltsführung zum Thema hatten, zum Beispiel: „Praktische Anwendung zur Zubereitung des Roßfleisches“, „Der Gemüsegarten“, „Der Beruf der Jungfrau“ [!], „Die Hausfrau. Praktische Anleitung zur selbständigen und sparsamen Führung eines Haushaltes“. Ihre Bücher passten in die Zeit, insbesondere hier in der Region, die sich vom landwirtschaftlich geprägten Raum in eine Industrielandschaft veränderte. Zechen und Industriebetriebe schossen wie Pilze aus dem Boden, die Bevölkerung erhöhte sich durch Zuwanderung um ein Vielfaches, und die Dampfmaschine revolutionierte Arbeits- und Lebenswelt. Zu den zuvor festgefügten gesellschaftlichen Strukturen traten die Masse der Arbeiterschaft und das zahlenmäßig stark anwachsende Bürgertum hinzu. Es war eine Art „Goldrausch“ wie im Wilden Westen, aber hier auf Kohle, Eisen und harter Arbeit begründet. Der Jahrhunderte dominierende Adel erhielt eine gewisse Ergänzung durch den „Geldadel“ der erfolgreichen Gruben- und Fabrikbesitzer.

In diese Zeit grundlegenden Umbruchs, der Veränderung der Lebenswelt gerade in unserer Region, war das Buch der Henriette Davidis mehr als eine Sammlung von Kochrezepten, vielmehr eine Anleitung zur besseren „bürgerlichen“ Lebensart. Dabei war sie in manchen Fällen durchaus ihrer Zeit voraus. Für das heute von den Gourmetköchen propagierte Niedrigtemperaturgaren hätte sie vermutlich nur ein müdes Lächeln gehabt, weil sie dies vor mehr als einem Jahrhundert mit Hilfe einer „Kochkiste“ erfolgreich anwendete; in einer Holzkiste, isoliert mit Heu und Stoff ausgeschlagen, garte sie Speisen, die auf dem Herd zum Kochen gebracht und dann in diesem wärmegedämmten Behältnis fertig gegart wurden.

Ob allerdings Henriette Davidis mit ihren Schriften das Frauenbild der zweiten Hälfte des 19. Jahrhunderts mitgeprägt hat, wie verschiedentlich behauptet wird, das mag dahingestellt sein.

4. Geburtswehen des Reviers

Helene Amalie Krupp und Maria Kunigunda von Sachsen Zwei eiserne Ladies

a) Helene Amalie Krupp (HAK)
Wenn man mit Mitte 20 als Mutter von zwei Kindern Witwe wird, war es Mitte des 18. Jahrhunderts eigentlich unerlässlich, sich flugs wieder zu verheiraten oder in den Schoß der elterlichen Familie zurückzukehren. HAK hatte 1751 den älteren Jodokus Krupp geehelicht, einen nicht unvermögenden Kaufmann, der einen damals gerade in Mode kommenden Kolonialwarenladen in Essen betrieb. Als dieser nach gut einem Jahrfünft andauernder Ehe am Schlag starb, nahm die resolute Jungwitwe, die es wie kaum eine andere verstand, die Groschen zusammenzuhalten, und ein kaufmännisches Naturtalent war, ihr Schicksal äußerst selbstbewusst in die eigenen Hände und führte den Laden unter dem Namen „Witib Krupp" (Witwe) weiter. Dies war in einer Stadt wie Essen mit damals knapp 4000 Einwohnern (so viele passen heute locker auf ein Kreuzfahrtschiff) sicher nicht so einfach.

Helene Amalie verkaufte in ihrem Laden am Flachsmarkt so ziemlich alles, was zum Leben notwendig war, neben Lebensmitteln und Kolonialwaren, Stoffe, Porzellan, Kaffee bis hin zu Kautabak.

Das Geschäft florierte, aber HAK hortete die Gewinne nicht im Wollstrumpf unter der heimischen Matratze, sondern investierte diese weiterhin, zunächst in Grundbesitz, den sie wiederum gewinnbringend verpachtete, später auch in die regional aufstrebenden Zechen, die um das Ende des 18. Jahrhunderts im Tal der Ruhr wie Pilze aus dem Boden schossen und zum Teil für die Geldgeber herausragende Gewinne abwarfen.

Heute würde man HAK als Investorin bezeichnen, die in die protoindustriellen Wachstumsbranchen mit viel Geld einstieg, aber auch die erzielten Gewinne reinvestierte. So ergriff sie die Gelegenheit beim Schopf, als die Möglichkeit winkte, sich in die sich im „Dreiländereck" entwickelnde Eisenerzeugung einzukaufen. Von Wenge hat im kurkölnischen Vest Mitte des 18.Jahrhunderts den Anfang gemacht und die Hütte St. Antony begründet. Im preußischen Kleve wurde die Hütte „Gute Hoffnung" errichtet und schließlich auf dem Territorium des Stiftes Essen die Eisenschmelze „Neu Essen", alle drei kaum mehr als einen Kilometer Luftlinie voneinander am Elpenbach und an der Emscher auf dem Gebiet der heutigen Stadt Oberhausen gelegen.

Es war eine durchaus richtige Entscheidung, in diese zukunftsträchtige Sparte der Eisenindustrie einzusteigen, die Dinge des täglichen Bedarfs, wie Kessel, Töpfe und Pfannen, aus dem erschmolzenen Gusseisen herstellte, aber auch vornehmlich Kanonenkugeln, die – wie zu allen Zeiten die Waffenherstellung – bedeutenden Gewinn abzuwerfen versprachen.

HAK handelte also im Grunde genommen klug, geriet aber an den falschen Mann, Eberhard Pfandhöfer. Dieser hatte schon die St.-Antony-Hütte gepachtet und baute nun in Sterkrade die neue Hütte „Gute Hoffnung", ohne die unabdingbare finanzielle Grundlage allerdings. Er war ein Hansdampf in allen Gassen und ein scheinbares „Finanzgenie", dem es immer wieder gelang, für seine zum Teil windigen und hochspekulativen Projekte das nötige Geld geliehen zu bekommen.

1781 hatte Pfandhöfer von der preußischen Regierung das Recht erhalten, den in der Region anstehenden Eisenstein (Rasenerz) zu fördern und zu verhütten, so dass er im Folgejahr die Hütte „Gute Hoffnung“ in Betrieb nehmen konnte, maßgeblich mit dem Geld der Essener Witwe. Der Betrieb lief allerdings nicht ohne Störungen. Die Konkurrenz, die ebenfalls oberhalb am Elpenbach lag, drosselte gelegentlich den Wasserzufluss, die Nonnen von Sterkrade beschwerten sich und klagten schließlich wegen der Verschmutzung des Baches, der ihre Fischteiche speiste, und man schnappte sich gegenseitig die knappe Holzkohle weg, die man zum Betrieb der Hochöfen brauchte, um nur einige der Querelen anzuführen.

Es lief also nicht so recht, nicht zuletzt weil der Hüttendirektor meist auf mehreren Schultern trug, so dass HAK immer wieder nachschießen musste. Schließlich beliefen sich die Schulden Pfandhöfers allein bei der Witwe Krupp auf mehr als 12 000 Taler, und er war genötigt, sein gesamtes Vermögen an sie zu verpfänden.

Als die Erben von Wenges die St.-Antony-Hütte veräußern wollten, sah Pfandhöfer die Chance, sich von der lästigen Konkurrenz zu befreien, und schloss mit diesen einen entsprechenden Kaufvertrag, wohl ohne sicher zu sein, dass er sich hinreichende Mittel weiterhin von der Essener Kaufmannsfrau würde leihen können. Die ebenfalls wohl windigen Erben schlossen dann einen weiteren Kaufvertrag mit dem Vertreter der Äbtissin von Essen, Jacobi, ab, so dass die Hütte de facto zweimal verkauft worden ist. Als Pfandhöfer daranging, die Hütte instand setzen zu lassen, wurde er in Wildwestmanier von Jacobi und dessen Leuten mit Waffengewalt vom Gelände gejagt.

Die Gerichte hatten das Wort, und nach diversen unterschiedlichen Entscheidungen bekam letztendlich Pfandhöfer Recht, und ihm wurde die St.-Antony-Hütte zugesprochen. Doch war er mittlerweile so pleite, dass er den Kaufpreis nicht bezahlen konnte und sich vor seinen

Schuldnern – wie man hier so schön sagt – vom Acker machte und in die Niederlande floh. Um ihren Kapitaleinsatz nicht komplett zu verlieren, erwarb HAK kurzerhand die Hütte „Gute Hoffnung" und übertrug sie ihrem Enkel Friedrich Krupp, der damit sein Auskommen finden sollte.

Aufgrund geringer Erfahrung, mangelnder Qualität der Produkte und der wachsenden Konkurrenz liefen die Geschäfte des Enkels schlecht, so dass er sich 1808 genötigt sah, die Hütte an die Großmutter zurückzugeben, die diese dann – des Engagements im Eisenhüttenwesen überdrüssig – kurzerhand verkaufte.

Für die Nachwelt ist festzuhalten, dass es ohne das finanzielle Engagement der Essener Witwe die Hütte „Gute Hoffnung", die eine der Keimzellen der GHH geworden ist, nie gegeben hätte.

b) Maria Kunigunda von Sachsen (MKvS)

Als Nesthäkchen der Familie des Kurfürsten von Sachsen und polnischen Königs war MKvS eine durchaus begehrte Heiratskandidatin des europäischen Hochadels und der Herrscherhäuser. Die junge gebildete Dame liebte den Glanz und die Vergnügungen der Schlösser und großen Städte, die Oper und alles das, was man in diesen Kreisen zu tun pflegte.

MKvS sollte – nach den damals üblichen Absprachen – mit einem Sohn Maria Theresias verheiratet werden. Dieser hatte jedoch nach einer Inaugenscheinnahme der Auserwählten dankend abgelehnt und lieber eine bayrische Prinzessin geehelicht. Die Kaiserin fühlte sich verpflichtet, suchte und fand eine adäquate Position für die so Zurückgewiesene, und nach ein paar passenden „Geschenken" an die richtigen Leute wurde MKvS zur Äbtissin des Stiftes Essen gewählt, wurde damit Reichsfürstin und Herrscherin eines kleinen Territoriums. Allerdings verweigerte sie beharrlich den Umzug dorthin, war die Stadt Essen doch kein passender Aufenthaltsort für eine an Schlösser und Residenzen gewöhnte Frau. Als sie einmal nach Essen kam, ist sie am nächsten Tag wieder fluchtartig abgereist.

Aus der Ferne jedoch kümmerte sie sich intensiv um die ihr Anempfohlenen und brachte ihren Kleinstaat, häufig gegen nicht unerheblichen Widerstand, auf Vordermann. Sie reformierte die Justiz, führte die Schulpflicht ein und verminderte die Anzahl der Feiertage, deren es in Essen außer den Sonntagen 115 gab, um 18. Zur Durchsetzung musste sie allerdings den Papst bemühen. Sie erließ Verordnungen gegen Völlerei und Trunk- und Prunksucht, in der Hoffnung, dass es auf diese Weise wirtschaftlich aufwärts ginge.

Bei ihren Unternehmungen entwickelte Maria Kunigunda einen durchaus pragmatischen Geschäftssinn. Als ihr erster Plan, nach französischem Vorbild eine befestigte, winterfeste Straße (Chaussee) von der Mark nach Wesel quer durch die Region zu bauen, an der Finanzierung zu scheitern drohte, setzte sie dafür kurzerhand ihre eigenen Mittel ein und betrieb diese nach Vollendung als mautpflichtige Privatstraße, die ihr jährlich knapp 2000 Taler einbrachte. Deshalb verblieb diese nach der Säkularisation in ihrem Eigentum, das sie 1803 für die immense Summe von 45 000 Taler an den preußischen Staat verkaufte.

Als ihr Hofgärtner Lange Ende der 80er Jahre des 18. Jahrhunderts weitere Rasenerz-Vorkommen auf Essener Gebiet in der Lipperheide (heute Oberhausen) entdeckte, verwirklichte MKvS den Plan, südlich der Emscher eine Eisenhütte zu bauen und in Betrieb zu setzen, die den

Namen „Neu Essen“ erhielt. Zuvor hatte sie sich noch Sachverstand aus der Sayner Hütte „eingekauft“, Gottlob Jacobi, so dass Gründung und Betrieb der neuen Hütte ein Erfolg wurden, als sie 1792 die Produktion aufnahm.

Bereits fünf Jahre zuvor hatte MKvS sich an der Hütte „Gute Hoffnung“ beteiligt, indem sie dem stets klammen Pfandhöfer finanziell mit einem Kredit unter die Arme griff. Schließlich kaufte sie unter dramatischen Umständen auch noch die St.-Antony-Hütte (s. HAK), so dass sie alle drei Hütten des westlichen Ruhrgebietes um die Wende zum 19. Jahrhundert in ihrem Besitz hatte bzw. an ihnen beteiligt war.

Die Säkularisation der geistlichen Herrschaften zu Beginn des 19. Jahrhunderts setzte den Aktivitäten der rührigen Äbtissin ein vorläufiges Ende. Ihr Stift Essen wurde dem preußischen Staat zugeschlagen. Da sie den Straßenbau und die Eisenhütten nachweislich aus ihren eigenen Mitteln finanziert hatte, blieben diese ihr Privatbesitz und fielen nicht der Verweltlichung anheim.

Sie verlor jedoch ganz offensichtlich ihr Interesse an der wirtschaftlichen Entwicklung ihrer nun ehemaligen Herrschaft und verkaufte ihre Hütten und Anteile daran wenig später für 23 800 Taler an die Brüder Haniel und die Hütte „Gute Hoffnung“ an deren Schwager Huyssen. Auch damit hatte sie den richtigen Zeitpunkt erwischt, denn 1806 besetzten die Franzosen die Region und gründeten das Herzogtum und später das Königreich Westfalen. Erst nach der Niederlage Napoleons und dem Wiener Kongress wurde das ehemalige Stift Essen wieder preußisch.

MKvS erlebte dies alles aus der Entfernung von Augsburg, später von Dresden aus, wo sie im April 1826 starb.

Als Resümee wird man festzustellen haben, dass der Aufbau und die Entwicklung der Eisenhüttenindustrie im westlichen Revier der Weitsichtigkeit und dem Wagemut sowie der finanziellen Potenz zweier Frauen zu verdanken ist, die das Tor zur Industrialisierung für diesen entscheidend bedeutsamen Industriezweig weit aufgestoßen haben. Während der sicherlich auch bedeutenden Männer in Oberhausen und Essen durch Straßenbezeichnungen etc. gedacht wird, ist das Andenken an diese Frauen, die das Ganze durch ihr vornehmlich finanzielles Engagement und ihre Risikobereitschaft erst möglich gemacht haben, eher dürftig.

Franz und Johann Dinnendahl
Die Daniel Düsentriebs des Reviers

So man über die ersten Dampfmaschinen im Ruhrgebiet und bedeutsame Pioniere der industriellen Revolution liest, so findet man an vorderster Stelle Franz Dinnendahl; sein jüngerer Bruder Johann, der durchaus Entsprechendes geleistet hat, ist weitgehend dem Schatten seines großen Bruders anheimgefallen.

Geboren in (Essen-)Horst, war Franz ein waschechter „Selfmademan“, der eine Karriere hinlegte, die jeden Amerikaner, der es vom Tellerwäscher zum Millionär gebracht hat, vor Neid würde erblassen lassen. Nach der Absolvierung der Pflichtschule war er zunächst Viehhirte, brachte es dann auf dem Pütt vom Kohlenschieber zum Hauer und machte anschließend noch eine Zimmermannslehre. Als er bei der Errichtung eines Schuppens für eine Dampfmaschine sah, dass die Mechaniker vergeblich versuchten, die Maschine in Gang zu setzen, erkannte er intuitiv deren Funktionsweise, und ihm gelang auf Anhieb die Inbetriebnahme, was den Anfang seines kometenhaften Aufstiegs als Dampfmaschinenbauer darstellte. 1803 baute Franz Dinnedahl die erste Dampfmaschine in der kurzerhand gegründeten Maschinenfabrik.

Mit geliehenem Geld (unter anderem von H. A. Krupp) baute er in den folgenden Jahren eine Dampfmaschine nach der anderen, die vor allem in den Kohlegruben für die Wasserhaltung dringend benötigt wurden, sicherlich begünstigt durch die von Napoleon Ende 1806 verhängte Kontinentalsperre, die Importe entsprechender Technik aus Großbritannien verhinderte. Die Gussteile dieser wahren Monster, deren Ventile noch von Hand betätigt werden mussten, bezog er anfangs von den Oberhausener Hütten, war aber dort allerdings kein gern gesehener Kunde: Er zahlte seine Rechnungen kaum oder nur sehr zögerlich, da ihm die kaufmännischen Fähigkeiten abgingen. Dennoch konnte er sich vor Aufträgen kaum retten, seine von Altendorf nach Essen verlegte Firma prosperierte, und er gab bald gut einem halben Hundert Arbeitern Lohn und Brot. Franz begeisterte seinen jüngeren Bruder Johann für die neue Technik, und zusammen gründeten sie in Mülheim eine entsprechende Produktionsstätte (die spätere Friedrich-Wilhelm-Hütte).

In der Fabrik wurden in den folgenden zwei Jahrzehnten nicht nur Dampfmaschinen, sondern auch eiserne Öfen und Hunde (Kohlewagen) gebaut. Ein Werbeschreiben vom 25. Juli 1820 formuliert dies so: „… alle Arten von Maschinen selbst, deren Zweck uns angegeben und deren Construktion uns überlassen wird, werden wir zur vollen Zufriedenheit, in sehr billigen Preisen und unter sehr annehmlichen Bedingungen und Zahlungsfristen liefern, es mögen dieselben nun zum Wasserwältigen, Erz- oder Kohlefördern auf Bergwerken, oder zum Betriebe von Spinnereien, Walz- und Hammerwerken, Mahl-, Öl-, Schneide- oder jeder Art von Mühlen gebraucht werden sollen. Gebrüder Dinnendahl, Mechaniker."

Johann schien mehr kaufmännisches Talent zu besitzen. Mit den erzielten Gewinnen beteiligte er sich an umliegenden Stollenzechen in Heißen (Mülheim, etwa in der Gegend des heutigen Rhein-Ruhr-Zentrums), die bereits seit Jahrzehnten Steinkohle förderten (Wiesche und Rosendelle, später Zeche Rosenblumendelle).

Man kann mit Fug und Recht behaupten, dass Franz und Johann Dinnendahl die Dampfmaschinen ins Ruhrgebiet gebracht haben, bis die Konkurrenz von Jacobi im späteren Oberhausen und Harkort in Wetter mit der Herstellung technisch verbesserter Maschinen auf den Markt drängten.

Franz Dinnendahl brachte es sogar zum Essener Stadtrat, und man würde ihn heute durchaus als den Bill Gates des frühen 19. Jahrhunderts bezeichnen können, wenn er seine innovativen technischen Fertigkeiten in wirtschaftlichen Erfolg hätte umsetzen können. So tüftelte er mit dem Essener Apotheker Flashoff 1817 für seine Fabrik eine Beleuchtungsanlage, die mit Gas aus Steinkohle betrieben wurde, im Prinzip die Technik, mit der viele Jahrzehnte später Wohnungen und Straßen in den großen Städten beleuchtet werden sollten.

Der technische Höhenflug wurde allerdings jäh beendet durch eine krachende wirtschaftliche Bruchlandung, als 1821 die Produktionsstätte durch Feuer vernichtet wurde, und Franz Dinnendahl – finanziell klamm wie immer – mit Hilfe diverser Kredite (unter anderem vom Schlossherrn in Oberhausen) eine neue Fabrik errichtete. Die Kredite platzten, seine Liegenschaften wurden gepfändet, und er musste Konkurs anmelden. Der technische Pionier des Ruhrgebietes starb verarmt, entnervt und krank 51-jährig im August 1826 in Rellinghausen (Essen).

Sein Bruder Johann, wirtschaftlich durchaus erfolgreicher, veräußerte Ende der 1830er Jahre die Eisenhütte in Mülheim, um im aufstrebenden Mindener Kohlerevier – vornehmlich in die Zeche „Preußisch Klus“ (in Meißen, einem heutigen Stadtteil von Minden) – zu investieren. Diese Unternehmung erwies sich als Fehlschlag und die finanzielle Investition als Katastrophe, als durch einen Wassereinbruch, den selbst die installierte Dampfmaschine nicht bewältigen konnte, die Grube 1847 absoff und man den Betrieb einstellen musste.

Johann teilte somit das Schicksal seines Bruders und starb ruiniert knapp zwei Jahre später. Seine Witwe kehrte nach Mülheim zurück, wo sie lediglich auf die Erträgnisse der Kleinzeche Anna Gertrud (Stollenzeche in Heißen) zurückgreifen konnte, deren Grubenfeld und Nutzungsrecht später von der Zeche Wiesche übernommen wurden.

Trotz des wirtschaftlichen Misserfolgs haben die Brüder Dinnendahl einen wesentlichen Beitrag zur Technisierung und damit zur Industrialisierung der Ruhrgebietes geleistet, was ihnen selbst wohl auch bewusst war: „Das Unternehmen war nicht Selbstzweck. Man bemühte sich, dem Staate und dem Publikum nützlich zu werden.“

Franz Wilhelm Flashoff
Wegbereiter der Tütensuppe

Der Essener Apotheker F. W. Flashoff begnügte sich nicht damit, Arzneimittel zu verkaufen und Pillen zu drehen, sondern er war auch ein begeisterter Chemiker, der sich in allen Bereichen der damaligen Chemie tummelte, vor allem aber in der Lebensmittelchemie.

Studiert hatte er in Duisburg an der Universität, bevor er in Essen eine Apotheke erwarb. Sein Interesse galt zunächst der Chemie des Zuckers, dies sicherlich bedingt durch den Mangel, da durch die napoleonische Kontinentalsperre kein Zuckerrohr importiert wurde, das die alleinige Grundlage der damaligen Zuckerherstellung war. Dem findigen Apotheker gelang es, aus Stärke einen zuckerhaltigen Sirup herzustellen, den er dann handwerklich in größerer Menge herstellen ließ, so dass er immerhin ca. 3000 Pfund pro Monat verkaufen konnte. Auf dieses Verfahren erhielt er 1813 von der französischen Administration ein Patent, das aber nichts mehr wert war, als die napoleonische Herrschaft nach Waterloo endete und Essen dem preußischen Staat zugeschlagen wurde. Da damit auch die Zuckerrohrimporte aus den englischen Kolonien wieder anliefen, war die mühsame Herstellung eines süßen Sirups obsolet und auch wohl zu teuer.

Die nächste Herausforderung brachte die Klimakatastrophe, als durch den Ausbruch des Vulkans Tambora auf Java im April 1815 der Sommer in Europa 1816 ausfiel, die Ernte verdarb und es zu einer großflächigen Hungersnot kam. In den Städten wurden für die ärmsten Bevölkerungsteile Suppenküchen eingerichtet, mit denen man versuchte, die schlimmsten Nöte abzumildern.

Furore machte in dieser Zeit die nach ihrem Erfinder benannte Rumfordsuppe. Der gebürtige Amerikaner mit Namen Benjamin Thompson – im amerikanischen Freiheitskrieg im Dienste der Briten – brachte es in Bayern zum Kriegsminister, der dann in den Reichsgrafenstand (von Rumford) erhoben wurde. Er hatte für die kostengünstige Versorgung der Soldaten ein Gemisch aus Graupen und getrockneten gelben Erbsen kreiert, die mit Wasser, Salz und Essig stundenlang zu einer dicken Pampe verkocht wurden. Diese avancierte dann auch zur Bettler- und Armenspeise in den Suppenküchen unserer Region. Kortum richtete eine solche beispielsweise in Bochum ein und verfasste darüber einen gedruckten Bericht unter dem Titel: „Von dem Nutzen und von der Bereitung der Rumfordsuppe".

Flashoff machte sich flugs daran, diese wenig schmackhafte Angelegenheit aufzupeppen. Da eine Fleischeinlage illusorisch war, unternahm er es, Knochen, die bei der Schlachtung abfielen, zu trocknen, zu zerkleinern und zu mahlen, danach hinreichend lange zu kochen, bis eine Art Gelee entstand, den er „Knochengallert" nannte. Dieses konnte man trocknen, so dass sich eine feste Masse nach Art unserer heutigen Gelatine bildete, die dauerhaft haltbar war und bei Bedarf mit Wasser aufgekocht eine „Fleischbrühe" ergab. Flashoffs „Knochengallert" war also ein Vorläufer unserer heutigen Bouillonwürfel, die sich in Tütensuppen finden.

Flashoff publizierte nicht nur seine Ergebnisse („Über die Benutzung der Knochen und über die Fleischsuppen und Gallerts aus Knochen", 1818), sondern er schickte auch Proben an die preußische Regierung, offenbar in der Hoffnung der Verwendung zur Verpflegung des preußischen Militärs.

Neben diesen Aktivitäten beschäftigte Flashoff sich mit Metallurgie, so zum Beispiel mit den Möglichkeiten der Verbesserung von Gussstahl, wohl auf Anregung seines Weggefährten und Freundes Franz Dinnendahl, und von Messinglegierungen.

Weiterhin tüftelte er an der Gewinnung von Leuchtgas aus Steinkohle und installierte die erste Gasbeleuchtung in der Dinnendahl'schen Maschinenfabrik, nachdem dieser die passenden Kessel und Rohrleitungen gebaut hatte. Es war die erste Beleuchtungsanlage weit und breit und begründete in gewisser Weise seinen Nachruhm. Durchgesetzt hat sich diese in der Provinz gemachte Innovation (außerdem war Leuchtgas zuvor in England entwickelt und genutzt worden) aber zunächst nicht, sondern wurde erst Jahrzehnte später aufgegriffen und zur Beleuchtung von Wohnungen und Straßen genutzt.

Darüber hinaus experimentierte er mit der Elektrizität der Voltaschen Röhre, mit der er neben anderen Taubstumme behandelte, allerdings ohne Erfolg.

Flashoffs gesundes Selbstbewusstsein, sein Geltungsbedürfnis sowie seine Eitelkeit bestimmten weiterhin seine Aktivitäten. So wurde er wie sein Freund Dinnendahl in den Stadtrat berufen, wurde Hofapotheker der Fürstäbtissin Maria Kunigunde und strebte mit der Einreichung seiner zahlreichen Schriften eine Art kumulativer Dissertation an der Universität Marburg an. Im Jahre 1820 wurde er dann zum Dr. phil. promoviert, allerdings mit der niedrigstmöglichen Note: rite.

Zusammen mit seinem Kumpel Dinnendahl wurde er auch Feuerwehroffizier der zu Beginn des 19. Jahrhunderts eingerichteten Essener Feuerwehr. In dieser Funktion machte er zahlreiche Vorschläge zu Ausrüstung, Material und Brandbekämpfung, deren Umsetzung aber meist an den leeren Kassen scheiterte. Seine Idee, das vorzuhaltende Löschwasser mit Salz zu versetzen, um dessen Löschfähigkeit zu verbessern und bei niedrigen Temperaturen ein Gefrieren zu verhindern, ist wohl umgesetzt worden.

Als der findige Mann 1837 starb, fielen die meisten seiner lebenslangen Aktivitäten dem Vergessen anheim. Lediglich ein Straßenname in Essen erinnert an den Hofapotheker mit den vielfältigen Interessen. Die gleichnamige Straße in der Stadt Oberhausen ist allerdings nach einem Sohn unseres Protagonisten, Christian Flaßhof (andere Schreibweise des Namens), einem Kaufmann, benannt, der in den 50er Jahren des 19. Jahrhunderts auf späterem Oberhausener Boden erfolgreich nach Kohle bohrte und mit anderen die Zeche Concordia gründete. Es hätte Franz Wilhelm Flashoff auch wohl gestört, wenn sein Name in Verbindung mit einem Rotlichtviertel gebracht worden wäre.

Friedrich Wilhelm Curtius
Chemie ist das, was qualmt und stinkt

Dem gelernten Apotheker gelang es im Jahre 1824, das Städtchen Duisburg, das zu diesem Zeitpunkt etwa so viele Einwohner hatte, wie heute seinen Stadtteil Bissingheim bevölkern, aus seinem Dornröschenschlaf zu erwecken, indem er in Kasslerfeld (also zwischen der Stadt und dem Rhein) eine Schwefelsäurefabrik errichtete und damit das Tor zur Industrialisierung aufstieß.

Als junger Mann war er gut zwei Jahrzehnte zuvor nach Amerika ausgebüxt, mit dem Ziel, sich dem berühmten Entdecker Alexander von Humboldt anzuschließen. Die Unternehmung ging gründlich schief, da zu dieser Zeit der Aufenthaltsort des ehemals preußischen Bergbeamten nicht eruierbar war – er hielt sich in Venezuela, auf dem Orinoco und ab der Jahreswende 1800 in Kuba auf –, und somit musste Curtius unverrichteter Dinge zurückkehren und gründete zunächst eine „Drogen- und Farbenhandlung", wobei zu der Zeit unter ersterem pflanzliche Arzneimittel zu verstehen waren.

Die Schwefelsäureherstellung florierte und konnte sich gegen die englische Konkurrenz behaupten, so dass Curtius eineinhalb Jahrzehnte später ebenfalls am Rheinufer gemeinsam mit seinem Schwiegersohn und einem ehemaligen Lehrling eine Fabrik unter dem Namen „Mathes & Weber" eröffnete zur Herstellung von Soda, für dessen Erzeugung Schwefelsäure benötigt wurde. Soda wurde unter anderem als Grundstoff für Waschmittel genutzt.

Beide Firmen haben die Zeiten überstanden (die Schwefelsäurefabrik wurde allerdings in den Duisburger Süden nach Wanheimerort verlegt), und bis in unsere Zeit wurde mit ihren wenig umweltfreundlichen Abgasen die Duisburger Luft geschwängert.

Gut ein Jahrzehnt nach der der Sodafabrik gründete der Sohn, Christian Julius Ludwig, unter der Ägide seines Vaters eine Ultramarinfabrikation zur Herstellung eines synthetischen blauen Farbstoffes, zu dessen Herstellung man sowohl Schwefel als auch Soda benötigte. Mitte des 19. Jahrhunderts stellte Friedrich Wilhelm Curtius somit fast alle Produkte her, die in dieser Zeit auf der Grundlage von Schwefelsäure technisch und chemisch möglich waren.

Der hoffnungsvolle Filius wandte sich in den folgenden Jahrzehnten mehr der Verwertung der Abfälle aus den Industrie-Unternehmungen seines Vaters zu, verabsäumte es aber auch nicht, andere Industrie-Abfälle auf ihre Verwertbarkeit zu untersuchen und für diese Zeit gänzlich neue Produkte auf den Markt zu bringen.

Als Erstes wandte er sich dem Teer zu, der als Abfall bei der Herstellung von Stadtgas und bei den Kokereien anfiel. Aus dieser zähen Masse gewann er durch Destillation Steinkohlenteeröl, dessen holzkonservierende Eigenschaften sehr bald erkannt wurden, so dass es sich lohnte, dieses aus den Abfällen industriell herzustellen, was der Junior unmittelbar ins Werk setzte.

Die Konservierung von Eisenbahnschwellen war in der zweiten Hälfte des 19. Jahrhunderts, als Eisenbahnlinien kreuz und quer durchs Land gebaut wurden, ein Riesengeschäft, genauso wie wenig später die Telefonmasten. Fast bis in unsere Gegenwart imprägnierte man Holzzäune mit diesem Teerdestillat, verbot dessen Anwendung weitgehend, als man die Gefährlichkeit dieses Stoffes erkannte. Für den Teer fand man im Laufe der Zeit weitere Verwendung. Zum einen verwandte man ihn zur Abdichtung von Mauerwerk im Erdreich und Dachabdichtungen, und zum anderen ließen sich die Fugen des Kopfsteinpflasters auf den Straßen damit verfüllen und somit die Straßen weniger holprig werden. Als dann zu Beginn des 20. Jahrhunderts ein Straßenstück von ca. 40 Metern in Monaco gegen den Staub mit einem Teerbelag überzogen wurde, war in Folge der Siegeszug des Teers als Straßenbelag nicht mehr aufzuhalten.

Der Ruf des Christian Julius Ludwig Curtius, den die Nachwelt verschiedentlich als den ersten Recycler angesehen hat, manifestierte und verband sich in erster Linie mit der durch ihn gegründeten, ebenfalls in Duisburg an der Rheinschiene gelegenen Kupferhütte. In dieser verwertete er die Abfälle aus der Schwefelsäureproduktion, indem er diese einschmelzen ließ und die darin enthaltenen Metalle gewann, vornehmlich Kupfer und Eisen, Zink, Blei und Cadmium, aber auch in geringen Mengen Edelmetalle. Die Umweltbelastung durch diese Verfahren war jedoch nicht unerheblich. Die umliegenden Straßenzüge und Häuser des Duisburger Stadtteils Hochfeld waren noch in den 60er Jahren des 20. Jahrhunderts rotbraun von den Abgasen dieses Werkes eingefärbt, und man konnte dessen Dunstkreis nicht nur riechen, sondern auch deutlich sehen.

Dennoch hat man dem Sohn Curtius in der Stadt ein ehrendes Andenken bewahrt, nicht wegen seiner Chemiebuden, sondern weil er für die Stadt große Waldflächen um den Kaiserberg herum erwarb, die der Naherholung dienen sollten. Ebendort errichtete man „dem sorgenden Hüter und Schützer des Duisburger Waldes“ Ende der 80er Jahre des 19. Jahrhunderts ein Denkmal. Auf einem Teil des von Curtius verschönerten Geländes des Kaiserberges entstand Mitte der 30er Jahre des 20. Jahrhunderts der Duisburger Tierpark.

Als zwei Protagonisten der chemischen Industrie im westlichen Ruhrgebiet ist Vater und Sohn Curtius allerdings kein Denkmal gesetzt worden, wiewohl sie durch ihren wirtschaftlichen Erfolg Arbeit und Brot für viele ermöglicht haben. Unserer Generation sind beide vornehmlich deshalb in Erinnerung geblieben, weil aus den Schloten ihrer Firmen gelblich- oder auch rotbrauner Qualm verbreitet wurde, der die Luft verpestete und die Straßen färbte. Aber dies ist seit geraumer Zeit gottlob Geschichte, genauso wie die Tatsache, dass ein Mitglied der Familie Curtius es in der Weimarer Zeit zum Wirtschafts- und dann zum Außenminister im Kabinett Brünings gebracht hat, Julius Curtius; der war allerdings Jurist.

Wilhelm Stöckmann
„Bauer“ und Wohltäter der Stadt Oberhausen

Die Familie Stöckmann stammte aus Styrum (Mülheim) und hatte bei der Aufteilung der Allmende (Privatisierung des gemeinschaftlichen Eigentums einer Dorfgemeinschaft an Grund und Boden; hier in den 20er Jahren des 19. Jahrhunderts) in der Liricher Heide diverse Grundstücke dieses landwirtschaftlich weitgehend nutzlosen Geländes erhalten und wohl auch weitere „für en Appel und en Ei“ hinzuerworben. Diese Heide, die das Kernstück der heutigen Stadt Oberhausen ausmacht, war mit Heidekraut und dünner Kieferbewaldung bestanden, eine echte „Knüste“, wie man hier in der Gegend sagt und die Beschreibungen des frühen 19. Jahrhunderts bestätigen.

Der „Oekonom“, wie sich Wilhelm Stöckmann einmal selbst im Flurbuch des Urkatasters der Stadt Mülheim bezeichnete, und seine Familie hatten wohl den richtigen Riecher, denn als man dort Steinkohle erbohrte und eine Zeche einrichtete (Concordia) und schließlich noch die Eisenbahn durch die Heide legte und einen Haltepunkt einrichtete, schnellte der Wert der Grundstücke sprunghaft in die Höhe. Außerdem hatten die Brüder Stöckmann (Hermann und Wilhelm) die Zeichen der Zeit erkannt und erwarben einen Großteil der Kuxe (Anteilscheine) einer Mutung im benachbarten Dümpten (heute Stadtteil von Oberhausen und von Mülheim).

Die erste Niederbringung eines Schachtes ging schief, die zweite jedoch gelang, so dass die Zeche Roland bereits in der Mitte des 19. Jahrhunderts Kohle förderte. Die war heiß begehrt seit dem Siegeszug der Dampfmaschine und der Eisenbahn, außerdem für die Eisengewinnung, seit man gelernt hatte, diese zu Koks zu verarbeiten und im Hochofenprozess einzusetzen (wozu man vorher Unmengen von Holzkohle gebraucht hatte).

Im Bereich der Herrschaft Limburg-Styrum (Inhaber seit der napoleonischen Zeit derer von Hessen-Darmstadt) galten noch die alten Regalien, das heißt unter anderem für die geförderten Bodenschätze die Abgabe des Zehnten. Nun war der Inhaber des Zehntrechtes hoch verschuldet verblichen, so dass das Zehntrecht zur Begleichung der Schulden an ein Konsortium Mülheimer Kaufleute für eine erhebliche Summe veräußert wurde. Dieses trat nun auch bei Wilhelm Stöckmann, der die Leitung der Zeche Roland übernommen hatte, auf den Plan und wollte „Kohle“ für die Kohle sehen. Doch man hatte nicht mit dessen Einfallsreichtum gerechnet. Denn Stöckmann bestand zunächst darauf, dass es sich hierbei um einen Naturalzehnten handeln würde, man den Zehnten in natura – sprich Kohle – somit am Schacht abzuholen hätte. Die Mülheimer Zehntgesellschaft musste sich deshalb Pferdekarren besorgen, die dann bereitstehen mussten, um die Zehntkohle aufzunehmen.

Im Folgenden verweigerte der „Schaluppi“ die Nutzung der Wege auf dem Zechengelände, da diese Privateigentum waren. Das beschäftigte – wie die weiteren Schlitzohrigkeiten – die Gerichte in den nächsten Jahrzehnten. Als diese Maßnahme nicht mehr zog, verlangte Stöckmann den Nachweis, dass die geförderte Kohle aus dem zehntpflichtigen Teil des Grubenfeldes käme. Schließlich ärgerte er die Zehntgesellschaft damit, dass er jeweils nur jeden zehnten Scheffel geförderter Kohle auf deren Wagen verladen ließ. Es musste also permanent ein Wagen an der Verladebühne zur Aufnahme der Kohle parat stehen, was natürlich nicht immer möglich war. War ein Wagen vorhanden, dann ließ Stöckmann die Zehntkohle auf den Boden werfen, so dass die Fuhrleute diese in ihn pannen (schaufeln) mussten. Mit diesen und weiteren Nickeligkeiten gelang es, die Zehntzahlungen niedrig zu halten.

Aufgrund eines Urteils musste Stöckmann mehr als zwei Jahrzehnte später den Zehnten mit einer hohen fünfstelligen Summe ablösen. Bis dahin prosperierte die Zeche Roland, und die Gewinne sprudelten, so dass von der Zeche aus eine Stichbahn zur Köln-Mindener Bahn gebaut und die Kohle somit über den Anschluss nach Ruhrort direkt auf dem Rhein verschifft werden konnte. In der Nähe des Gleisanschlusses am Bahnhof Oberhausen baute er ein Haus, so dass er vom Frühstückstisch aus die Güterwagen zählen konnte, die von seiner Zeche kamen.

Der rasante Aufstieg der Zeche hatte den Zuzug einer Vielzahl von Arbeitern – ca. 300 Bergleute in den 1850er Jahren – zum Teil mit Familien zur Folge. Nicht nur der Wohnraum war äußerst knapp, die Versorgung dieser Menschen machte ebenfalls große Probleme, weil sie sich nicht von der eigenen Scholle ernähren konnten. Eine entsprechende Infrastruktur gab es in dieser Industrieansammlung nicht, so dass als Versorgungsmöglichkeit nur die verhältnismäßig weit entfernten Märkte in Sterkrade, Osterfeld oder gar Mülheim und Bottrop in Frage kamen. Die Menschen mussten lange Wege in Kauf nehmen, um die Dinge des täglichen Bedarfs zu erwerben.

Um diesem Missstand abzuhelfen, stellte Stöckmann ein mickeriges Grundstück (im Vergleich zu seinem übrigen Eigentum), unweit des Bahnhofs und zwischen diesem und seiner Zeche gelegen, zur Verfügung, damit die umliegenden Bauern ihre Erzeugnisse vermarkten und seine Arbeiter räumlich nah einkaufen konnten. Von Bäumen umstanden, war dies zunächst kein einladender Ort, aber er erfüllte seinen Zweck, so dass Stöckmannn schließlich diesen Platz der späteren Stadt Oberhausen übereignete. Als dann aus Anlass des 100-jährigen Bestehens der Stadt Oberhausen ein „Heimatbuch“ erschien, das erstmals einen vollständigen Überblick über die Geschichte der Gemeinde und ihrer Stadtteile lieferte, wurde das Geschenk des „Bauern“ Stöckmann als hochherzige Tat seiner Gemeinde gegenüber angesehen.

Seit dieser Zeit bis auf den heutigen Tag geistert „Bauer“ Stöckmann durch die Geschichtsschreibung der Stadt. Dabei hat er zeit seines Lebens weniger die Scholle gepflügt, als mit Kohle jede Menge „Kohle“ gemacht und einen nicht unerheblichen Beitrag zur Industrialisierung dieses Raumes geleistet.

Wilhelm Theodor Grillo
Zink(h)er(steller)

Als Sohn einer Kaufmannsfamilie in Essen geboren, absolvierte Wilhelm Theodor Grillo nach der Gymnasialzeit zunächst eine kaufmännische Lehre, eröffnete dann als knapp Mittzwanziger eine Eisenwarenhandlung in Mülheim. Den Zeichen der Zeit folgend, beteiligte er sich in den beiden folgenden Jahrzehnten an diversen Zechengründungen in Hamborn (Duisburg), Oberhausen und Gelsenkirchen. Sein besonderes Interesse erweckte jedoch ein Nichteisenmetall, das Zink, das man seit dem Beginn des Jahrhunderts durch Verhüttung in reiner Form herzustellen in der Lage war. Eine Zink-Produktionsstätte war bereits von der belgischen Firma Vielle Montagne (Altenberg) in Eppinghofen (Mülheim) errichtet worden.

Dieses unedle Metall, das anders als Eisen witterungsbeständig und verhältnismäßig leicht verformbar ist, bot als Blech ausgewalzt vielfältige Anwendungsmöglichkeiten von der Dachbedeckung über Regenrinnen und Fallrohre bis hin zu Eimern, Badewannen und Kannen. Die Bleche ließen sich durch Löten sogar leicht dauerhaft verbinden, was die Anwendungsbereiche noch zusätzlich erweiterte.

Die wesentliche Bedeutung erlangte das Zink jedoch als Korrosionsschutz für Eisen, indem man die Eisenteile in flüssiges Zink tauchte und der so erreichte Zinküberzug einen dauerhaften Rostschutz gewährte, den man ansonsten nur weniger dauerhaft mit der hochgiftigen Mennige (hergestellt aus Bleioxid) erreichte.

Grillo gab den Eisenwarenhandel letztlich auf und gründete 1849 ein Zinkwalzwerk an der Emscher bei Hamborn, das noch mit Wasserkraft einer Mühle betrieben wurde, für das er die Zinkbarren aus Eppinghofen bezog. Der wirtschaftliche Erfolg war überaus gut, so dass er wenige Jahre später am neu eingerichteten Eisenbahnknotenpunkt Oberhausen – damals noch Lirich, das zu Borbeck gehörte, da es die Stadt Oberhausen noch nicht gab – verkehrsgünstig ein weiteres Walzwerk errichten ließ, in dem zwei mit Dampfmaschinen angetriebene Walzstraßen erheblich größere Mengen Zinkblech produzierten.

Technikbegeistert wie er war, ließ Grillo zur Beleuchtung der Produktionsanlagen eine Gasanlage bauen (nach dem Prinzip der Kohleausgasung, wie es schon Dinnendahl verwendet hatte), mit der er auch auch sein Haus beleuchtete. Seine Gasproduktion versorgte vom Ende der 60er Jahre des 19. Jahrhunderts bis zur Jahrhundertwende die Stadt Oberhausen und bildete danach schließlich den Ursprung der Stadtwerke Oberhausen, mit deren Stadtgas bis zum Siegeszug der Elektrizität die Wohnungen beleuchtet und bis in unsere Zeit die Straßenbeleuchtung betrieben wurde.

Das eigentliche Interesse Grillos galt allerdings weiterhin dem Zink. Um von den Zulieferern unabhängig zu werden, errichtete er in den folgenden Jahrzehnten eine Zinkhütte in Hamborn, produzierte Zinkweiß in großen Mengen, das als weißer Grundstoff bei der Herstellung von Malerfarben gebraucht wurde. Als Abfallprodukt bei der Verhüttung von Zinkerz fiel weiterhin eine Substanz an, welche die Grundlage zur Herstellung von Schwefelsäure bildete, die dann ebenfalls dort produziert wurde.

Erzeugung und Verarbeitung von Zink waren eine durchaus umweltverschmutzende Angelegenheit – schon nach damaligen Verhältnissen. Das Rösten der Erze, die Zinkstäube und der Zinkdampf belasteten die Umgebung der Zinkfabriken, so dass die Anwohner in Oberhausen sich gegen die Errichtung der Zinkhütte wehrten, die deshalb in Hamborn gebaut wurde. Die Arbeiter in den Zinkfabriken litten häufig unter dem sogenannten „Zinkfieber", einer grippeähnlichen Erkrankung, die auf das Einatmen der zinkbelasteten Dämpfe zurückzuführen war.

Wie schwerwiegend diese Umweltbelastung war, zeigte sich, als die Grillo'schen Fabrikanlagen durch Bergsenkung und die Entstehung des sogenannten „Concordiasees" (benannt nach der Zeche Concordia) in der Größe von ca. 5 Hektar mitten in Oberhausen zum Teil im Wasser verschwanden und eine Verlegung der Produktionsanlagen erforderlich machten. Der Protest gegen die neue Anlage in der Nähe von Wohnbebauung war vielfältig: „Nach einiger Zeit entstehen an den Stellen kleine Löcher, und die Wäsche erhält ein siebartiges Aussehen. Bei geöffneten Fenstern dringt die säurehaltige Masse [gemeint ist Zinkoxid in Form von Zinkstaub und schwefelsaure Reste, Anm. des Verf.] in Wohn- und Schlafräume ein und schädigt dort Betten, Kleider etc."

Die Anlagen wurden dennoch verlegt, da Grillo allgemein in der Stadt angesehen war, hatte er doch schon zu Beginn der 70er Jahre des 19. Jahrhunderts eine Kranken- und Unterstützungskasse für die Beschäftigten seiner Firmen eingerichtet und sich sozial engagiert, indem er unter anderem den Bau des Evangelischen Krankenhauses (heute EKO) sowie den Bau einer evangelischen Kirche (heute Christuskirche an der Nohlstraße, Oberhausen) finanziell wesentlich förderte (Grillo war einer der wenigen Protestanten – wie auch Haniel – in der überwiegend noch katholischen Bevölkerung).

Grillo selbst zog sich aus dem Qualm und Dreck der Industriestadt zurück und übersiedelte nach Düsseldorf. Er hatte aber in allen Bereichen auf das „richtige Pferd gesetzt", indem er zum einem weitgehend auf ein Engagement in Kohle und Stahl verzichtet und zum anderen seine Söhne rechtzeitig in das Firmengeschehen eingebunden hatte.

Die Firma hat die Krisen und Zeiten überstanden und befindet bis heute mit Sitz in Duisburg-Marxloh immer noch in den Händen der Familie – allerdings umgewandelt in eine AG, die nur Aktien an die Familienmitglieder verteilt. Da in Oberhausen die Fabrikanlagen verschwunden sind, erinnern lediglich der Grillopark (der ehemalige Garten der Grillovilla) westlich des Rathauses sowie die Grillovilla daneben, die das Archiv der Kurzfilmtage beherbergt, an den Mann, dessen Lebenswerk das Zink war.

Peter Christoph Eversbusch
Ein Familienname, ein Schnaps

Der 1790 in Haspe (Hagen) geborene Sohn eines Bäckers lag voll im Trend, als er aus den Befreiungskriegen gegen Napoleon nach Hause zurückkehrte und im Betrieb seines Vaters, der nebenbei eine Schapsdestille betrieb, den dort gebrannten Korn mit Wacholderbeeren aromatisierte. Diese kannte man bis zu diesem Zeitpunkt in hiesiger Region nur als Gewürz für Kraut und Kohl.

Die Idee war nicht neu; der junge Mann hatte sie in den Niederlanden während seines Militärdienstes unter Blücher kennengelernt, wo man seit mehr als einem Jahrhundert den Schnaps damit versetzte, Genever nannte und damit die Rachenputzer trinkbarer machte.

Dieses „geistige" Getränk wurde, als Wilhelm von Oranien als Wilhelm III. (in Schottland Wilhelm II.) den englischen Thron bestieg, mit auf die Insel exportiert und dort in kurzer Zeit als Gin zum Leib- und Magengetränk vornehmlich der unteren sozialen Schichten, die gleichsam im Suff versanken, was die Historie als „Ginkrise" verzeichnet hat. Aber auch die englische Königin Anne soll standfest mitgetrunken haben.

Aus dieser Zeit resultiert auch das Anrecht der Mannschaftsgrade der britischen Marine, täglich knapp 0,3 Liter Schnaps ausgeschenkt zu bekommen. Später wurde dieser durch Rum ersetzt. Der Autor hat die Rum-Austeilung 1963 bei dem Besuch des Kreuzers HMS Blake im Hafen von Portsmouth miterlebt. Diese Tradition wurde erst Mitte des Jahres 1970 beendet, da man fürchtete, dass die angeheiterten Seeleute der modernen Technik nicht mehr gewachsen wären.

Der Beginn der Doppelwacholderherstellung in Haspe fiel annähernd zusammen mit einem rasanten Anstieg des Schnapskonsums, bedingt zum einen dadurch, dass sich auch die Kartoffel zum Brennen eignete und man das, was beim Brennen übrigblieb, als Viehfutter verwenden konnte, zum anderen durch die Entstehung der neuen sozialen Unterschicht, des Proletariats, deren elende Arbeits-, Wohn- und Lebenssituation den Schnapskonsum beförderten. Anders als in Bayern, wo man beim Bier und Obstbrand blieb, wandte man sich in den Regionen nördlich des Mains dem Schnaps zu, der billiger, aber auch haltbarer als das Bier war. Hinzu kam noch, dass man dem Hochprozentigen seit dem späten Mittelalter eine medizinische Wirkung zuschrieb und ihn ab und zu gar als leistungsfördernd ansah. Noch der alte Krupp hat seinen Arbeitern in der Gießerei eine tägliche Schnapsration zukommen lassen.

Unser Ruhrgebiet mit seiner großen Dichte der unter kläglichen Lebensbedingungen arbeitenden Bevölkerung ragte nicht – was den Schnapskonsum anging – aus den übrigen Regionen Preußens hervor, es war ein allgemeines Problem, das man seit Mitte des 19. Jahrhunderts als „Branntweinpest" brandmarkte. Der „Schoppen" Schnaps (etwa 0,2 Liter bis 0,3 Liter) war also auch bei der Arbeit ein durchaus ständiger Begleiter, der einfacher und vor allem billiger die miesen Lebens- und Arbeitsbedingungen scheinbar aufhellte.

Der Schnapskonsum brachte auch Komplikationen mit sich. Als zum Beispiel der Schacht der Zeche Nordstern abgeteuft wurde, mussten die Arbeiten bereits nach gut einem Dutzend Metern abgebrochen und der Schacht neu angesetzt werden, da der leitende Steiger – wohl vollstramm – den Schacht nicht lotrecht hinbekommen hatte.

Erst die Einführung einer hohen Branntweinsteuer Ende der 80er Jahre des 19. Jahrhunderts und der Beginn der industriellen Bierherstellung durch die neuen Möglichkeiten der technischen Kühlung drosselten den Schnapskonsum zugunsten des Biertrinkens, so dass – nicht zuletzt aufgrund der mannigfaltigen Brautradition des Ruhrgebietes – das Bier zum Lieblingsgetränk der Region wurde.

Den „Scheibiko“ (Schei… billiger Korn) musste man, da es eine Kühlung noch nicht gab, schnell „schnappen“, d. h. durch den Hals bringen, um den Fuselgeschmack möglichst zu vermeiden. Insofern war die Aromatisierung mit Wacholder, wie sie die Familie Eversbusch betrieb, eine wesentliche Verbesserung des Geschmackes.

Deshalb ist es nicht verwunderlich, dass die Schnapsfabrikation in Haspe seit Anbeginn im Jahre 1817 florierte und die Zeiten bis heute überdauert hat. Der Urvater des nach ihm benannten Wacholders hatte die Brennerei im Hause seiner Frau an der Straße von Köln nach Berlin eingerichtet, so dass er neben der Schnapsherstellung auch seitens des preußischen Staates beauftragt wurde, die Straßengebühren einzuziehen. Durch den deshalb wachsenden Publikumsverkehr im „Wacholderhäuschen“ wuchs der Bekanntheitsgrad seines Erzeugnisses kontinuierlich.

Entgegen dem Trend der Gründerjahre, alles neuer und schöner und besser zu machen, blieben die nachfolgenden Generationen in der traditionellen Produktionsstätte und bei dem altertümlichen, bereits 1817 errichteten Destillierapparat.

Die Nachfahren des Begründers produzieren noch heute im Familienbetrieb die Spirituose, die hier im Revier vielfach als „Hasper-Maggi“ bezeichnet wird. Aus welchem Grund diese Bezeichnung erfunden wurde, bleibt unklar. Vielleicht liegt es daran, dass, wenn man am Abend zuvor einen zu viel davon getrunken hat, am nächsten Morgen meint, Maggi konsumiert zu haben.

Wie dem auch sei, das Wacholderhäuschen der Familie Eversbusch ist Bestandteil der Route der Industriekultur, und der Eversbusch, der jetzt auf eine zweihundertjährige Tradition hier im Revier zurückblicken kann, läuft dort in der Gastronomie traditionsverpflichtend unmittelbar aus einem Kränchen in der Wand. Der Tradition ist auch geschuldet, dass das Getränk nach wie vor in Tonflaschen abgefüllt und auf dem Etikett „Wachholder“ steht, ein Relikt aus der Zeit, als Konrad Duden noch nicht das Sagen in der Rechtschreibung hatte. Aber das fällt nach dem dritten Pinneken Eversbusch nicht mehr auf. Prost!

Fritz Brinkhoff
Braumeister an der Zeitenwende der Bierherstellung

Bier, das ist eines der ältesten alkoholischen Getränke der Menschheit. Im Mittelalter wurde es hier in der Gegend zum beinahe alltäglichen Getränk, das dem keimbelasteten Brunnenwasser vorzuziehen war. Das Bierbrauen war ursprünglich Frauenarbeit, bei der gekeimtes, getrocknetes Getreide in wilder Gärung unter Zusatz von pflanzlichen Bitterstoffen (Gruyt) zu Bier verarbeitet wurde. Noch vor 500 Jahren schwärmte der Reformator Martin Luther euphorisch von den Braukünsten seiner Ehefrau Katharina von Bora, die das Brauen wohl im Kloster erlernt hatte.

Im Laufe der Zeit verlagerte sich die Bierherstellung in Schankwirtschaften und Bäckereien, und zu Beginn der Neuzeit ersetzte man die Gruyt durch Hopfen. Das Brauen wurde handwerklicher, und hier in der Region spezialisierte man sich besonders in den Städten Duisburg und Dortmund auf dessen Herstellung und versorgte die Umgegend. Das Bier hatte nur einen geringen Alkoholgehalt und war nur kurzzeitig trinkbar, bevor es sauer wurde. Da für die Herstellung einstellige Temperaturen erforderlich waren, wurde vornehmlich im Winter gebraut.

Mit der industriellen Revolution und der damit in unserer Region verbundenen Bevölkerungsexplosion war die Nachfrage nach Bier drastisch gestiegen, und dessen Herstellung entwickelte sich durch den Einsatz von Maschinen (Dampfbierbrauerei) und neuen Kühlmöglichkeiten (Eiskeller und Kühlmaschine) vom handwerklichen zum industriellen Erzeugnis.

Just zum Zeitpunkt dieses Umbruchs wurde Fritz Brinkhoff im Jahre 1848 in Harpen (Bochum) geboren; erblich vorbelastet, betrieb doch seine Familie seit Generationen eine Schankwirtschaft mit der üblichen Bierherstellung. In seine Jugend fielen die Gründung der heute zum Teil noch bestehenden Brauereien (zum Beispiel 1854 Hövels, 1858 König in Beeck, heute Duisburg, 1867 Stauder in Essen, 1878 Fiege in Bochum). Brinkhoff ging auf die 1860 begründete „Höhere Bürgerschule“ (Realschule) und absolvierte danach eine Ausbildung zum Brauer in Barmen (Wuppertal). Nach der damals noch üblichen Wanderzeit fand der jetzt 21-Jährige eine Anstellung bei der Klosterbrauerei Meininghaus (gegründet 1865 auf dem Gelände des ehemaligen Katharinenklosters in Dortmund).

Schnell machte der junge Mann Karriere, indem er kurzfristig zu verschiedenen Brauereien wechselte und dort geschäftstüchtig gut dotierte Arbeitsverhältnisse einging. So landete er schließlich als 22-Jähriger in der Brauerei W. Struck & Co. (der späteren Dortmunder Union-Brauerei), wo er sich – aufgrund des überaus großen wirtschaftlichen Erfolges – eine goldene Nase verdiente dank der bei der Einstellung vereinbarten Umsatzbeteiligung.

Die Brinkhoffs Ruhm begründende „Heldentat“ war die Herstellung eines hellen, untergärigen, länger haltbaren Bieres und dessen konsequente Vermarktung, das dann unter dem Namen „Dortmunder Export“ nicht nur hier, sondern in der Welt Karriere machte. Ob dieses ursprünglich – quasi versehentlich – aus „einem Fehlsud“ im Jahre 1887 resultierte, mag dahingestellt sein, war diese Brauart doch bereits im Süden Deutschlands und in Pilsen bekannt und angewandt. In Dortmund selbst wurde bereits 1843 im Gasthaus Kronen (Wurzel der späteren Kronenbrauerei) ein solch helles Bier gebraut. Das „Exportbier“ wurde schnell zum erklärten Lieblingsgetränk der Arbeiterschaft des Ruhrgebietes für die rund nächsten hundert

Jahre. Mit ihm wurden nach der Schicht der Staub und der Dreck der Maloche – damals flogen wirklich noch die Briketts durch die Luft – nach Feierabend in der nachbarschaftlichen Kneipe runtergespült.

Die Altvorderen des Reviers tranken ihr Export in der Kneipe, und als die modernen Schankanlagen dieses gut herunterkühlten, da verlangten sie eben einen Bierwärmer (ein mit warmem Wasser gefülltes Metallröhrchen), das sie in ihr Glas hängten, um das Bier auf die gewohnte Trinktemperatur zu bringen. Das Feierabendbier zu Hause war noch nicht im Schwange, da die Brauereien ihr Bier lediglich in Fässern abfüllten. Die Umfüllung in kleinere Gebinde wie Flaschen und Krüge überließ man den sogenannten „Bierverlagen" und den Gastwirten, die dann schließlich die Trinkhallen – die Buden – belieferten, an denen man sein Feierabendbier erwarb. Erst spät in den 60er Jahren des 20. Jahrhunderts wandte sich unsere Generation dem „Pils" zu, und die Exportbiere verschwanden weitgehend aus der Angebotspalette der Brauereien.

Brinkhoff ist mit seinem Exportbier steinreich geworden, obwohl er nie Brauereibesitzer gewesen ist, sondern erst spät in den Vorstand der Dortmunder Union-Brauerei berufen wurde. Bismarck, der eiserne Reichskanzler, der ihn wohl bei einem Kuraufenthalt kennengelernt hatte, soll geäußert haben, dass er in seiner Position weniger verdiene als ein Bierbrauer. Dies sei Brinkhoff gegönnt, hat er doch das idealtypische Getränk der postmodern als „Ruhris" bezeichneten Leute dieser Region geschaffen.

Friedrich, Karl und Robert Küppersbusch
Ausstatter von Wohnküchen

Vater Friedrich hatte in den 70er Jahren des 19. Jahrhunderts eine Schlosserei in Mettmann aufgemacht, in der er vornehmlich Blecharbeiten ausführte und auch Vorhängeschlösser und ähnliche Kleinteile fertigte. Als der Betrieb boomte, die Söhne erwachsen wurden und wie zu der Zeit üblich in den väterlichen Betrieb eintraten, verlegte er den Betrieb in das aufstrebende Industrierevier nach Schalke (Gelsenkirchen). Dort waren es die Söhne, die sich an die Herstellung größerer Metallteile wagten, so auch an Öfen und Herde.

Bis Mitte des 19. Jahrhunderts waren Küchenherde gemauert. Die ersten eisernen Küchenherde, „Küchenhexe" genannt, waren überwiegend aus Gusseisen, daher ausgesprochen schwer und aufgrund dessen auch für die meisten Haushalte unerschwinglich teuer.

Die Schlosserei Küppersbusch fertigte ihre hingegen aus Blechen, die durch die neu entwickelte Emailliertechnik beschichtet waren, und stattete den Feuerraum mit feuerfesten Schamottsteinen aus, die industriell seit einiger Zeit von der Firma Didier hergestellt wurden und ursprünglich allein zum Hochofenbau dienten. Lediglich die Ofenplatte blieb eine schwere Eisenplatte. Von den Ausmaßen (etwas weniger als 1 Meter breit und 0,60 Meter tief) passte der Billigherd Marke „Küppersbusch" in jedes Zimmer und war auf Grund seines verhältnismäßig geringen Gewichtes von knapp zweieinhalb Zentnern durchaus transportabel. Vor allem aber war er für die Arbeiterfamilien erschwinglich, wenn auch meist „auf Kucki", also auf Ratenzahlung. An einer Seite besaß der Herd eine verhältnismäßig kleine

Feuerung, darunter eine Luftklappe zur Regulierung der Hitze und weiterhin einen Aschenkasten. Der Feuerraum war ausgelegt auf Steinkohle, sogenannten Hausbrand, die einerseits genügend Hitze lieferte und billig war, zum anderen hielt die verhältnismäßig kleine Feuerung nur wenige Stunden vor, so dass nach dem Kochen – vor allem im Sommer – der Herd nicht die schon warme Küche weiter aufheizte. Der Clou des Ofens war jedoch der integrierte Backofen, der etwa zwei Drittel des Herdes einnahm, so dass Kochen und Backen gleichzeitig möglich waren. Ein rollbarer Kohlekasten beinhaltete nicht nur den Vorrat an Kohlen, sondern auch das notwendige Anmachholz, das der Familienvater als „Mutterklötzchen“ (Abfallstücke der Holzstempel aus dem Pütt) in „Küppersbuschlänge“ von der Arbeit mit nach Hause brachte. Außerdem konnten in jedem Lebensmittelladen Bündchen Anmachholz gekauft werden.

Das haushalttechnische Allzweckgerät „Küchenherd“ besaß ein zusätzlich aufsetzbares „Wasserschiff“ zur Warmwasserbereitung, einen Flötenkessel für kochendes Wasser für den Kaffee (meist Muckefuck), und mit Hilfe eines großen Einkochkessels wurden die Vorräte für den Winter in Gläsern konserviert. Zum Wochenende wurde in diesem und in weiteren Behältnissen warmes Wasser zum Baden in der Zinkbadewanne bereitet, die zu dem Zweck in die Küche getragen wurde. Nicht zuletzt diente der Küchenherd zur Beheizung der Küche, vornehmlich auch mit Hilfe des regelmäßig langen Ofenrohrs, das die Wärme des Rauches abstrahlte.

Von der Wende zum 20. Jahrhundert bis in die 1950er Jahre gehörte ein solcher Küchenherd zur Standardausstattung einer Arbeiterwohnung, die in der Regel aus einer Wohnküche und einem oder mehreren Schlafräumen bestand. Als wichtigstes und wohl auch teuerstes Stück der Wohnungsausstattung wurde es sorgsam behandelt und gepflegt. Die Herdplatte wurde nach dem Entzünden des Feuers gereinigt und mit Spezialmitteln spiegelblank geputzt, das Ofenrohr regelmäßig mit feuerfester Farbe gestrichen und meistens auch noch die Zimmerwand hinter dem Ofen durch einen Kachelaufsatz gegen Spritzer und Kochdampf geschützt.

Der Siegeszug des Küchenherdes im Revier war maßgeblich bestimmt und befördert durch die Produkte der Schalker Firma Küppersbusch, die seit 1880 serienmäßig diese Herde fertigte, die explosionsartig expandierte und um die Jahrhundertwende rund 66 000 Herde pro Jahr mit etwa 1500 Mitarbeitern produzierte. Nach Umwandlung in eine Aktiengesellschaft entwickelte sich Küppersbusch zwischen den beiden Weltkriegen zum europaweit größten Hersteller von Küchenherden.

Erst mit dem Siegeszug zunächst des Gasherds, danach des Elektroherds, der Kaffeemaschine, der Mikrowelle, der Zentralheizung usw., wurde das Ende des Küchenherds eingeläutet, der knapp ein Jahrhundert lang das wichtigste Ausstattungsstück jeder Wohnung einer „Otto-Normalverbraucher-Familie“ gewesen war. Schließlich wanderte er als Relikt vergangener Zeiten ins Museum oder aber steht als nicht mehr funktionstüchtiges Dekorationsstück in irgendwelchen Fresstempeln, so dass man sich nicht mehr vorstellen kann, was unsere Mütter und Großmütter an Gerichten, Kuchen und anderen Backwaren, Konserven und Ähnlichem auf und in diesem Herd zustande gebracht haben.

Leopold Hoesch
Investor aus dem Rheinland

Die Familie Hoesch war in der Zeit der Frühindustrialisierung in der Region Düren und in der Voreifel Besitzer diverser Unternehmungen der Eisenindustrie, des Bergbaus im Aachener Revier sowie der Papierherstellung, die durch Standortnachteile, durch mangelnde Infrastruktur, vor allem durch Erfindung besserer Produktionsverfahren Gefahr liefen, abgehängt zu werden. Daher entschloss sich der frischgebackene Familienvorstand Leopold Hoesch – in der Erkenntnis, dass das Erz zur Kohle kommen müsse – im neuen Zentrum der Kohleförderung, dem Ruhrgebiet, gleichsam auf der grünen Wiese bei Dortmund mit massivem Kapitaleinsatz eine Hütte unter dem Namen „Westfalenhütte“ zu errichten, die sich in den folgenden Jahrzehnten zu einem der größten Hüttenbetriebe und damit auch größten Arbeitgeber der Region entwickelte.

Die Hoesch AG beschritt, auch was die Beschäftigten anging, neue Wege, indem sie eine Betriebskrankenkasse, Sterbekasse und Ähnliches einrichtete und sich um die sozialen Belange ihrer Arbeiter kümmerte. Dies führte zu einer Art Bindung der Belegschaft an die Firma – wie im Übrigen auch bei anderen Betrieben wie Krupp –, die sich dann verschiedentlich selbst als Hoeschianer bezeichnete und ihr Arbeitsleben lang dort beschäftigt blieb.

Die Dortmunder Hütten produzierten nach dem Bessemer-, seit den 80er Jahren des 19. Jahrhunderts mit dem Thomasverfahren Stahl. Hierbei wurde dem flüssigen Eisen in einem Konverter der Kohlenstoff durch Luftzufuhr entzogen, beim Thomasverfahren nach Kalkzusatz, was zu einem Abfallprodukt, dem sogenannten Thomasmehl führte, das als Düngemittel in der Landwirtschaft sehr gefragt war. Man mag sich heute kaum noch vorstellen, welche schädlichen Kohlenstoffverbindungen in die Luft geblasen wurden und welche Schadstoffe und Schwermetalle auf diese Weise in den Boden gelangten.

Als Leopold Hoesch kurz vor der Jahrhundertwende starb, hat er nicht nur eine florierende Eisenindustrie in Dortmund hinterlassen, sondern auch durch zahlreiche Stiftungen in seiner Heimatstadt Düren sein Ansehen und Andenken gesichert. Die von ihm gegründeten Firmen überstanden die Zeitläufe, die beiden Weltkriege, und Generationen von Arbeitnehmern schafften bei Hoesch, wohnten in Werkswohnungen oder ganzen Siedlungen, selbst der Fußballclub BVB 09 wurde im Schatten der Westfalenhütte groß.

In Zeiten des Stahlbooms beschäftigte die Hoesch AG knapp 50 000 Arbeitnehmer. Zur Bewältigung der Stahlkrise wurde eine Zusammenarbeit mit dem niederländischen Konkurrenten Hoogovens angestrebt, die jedoch letztendlich misslang, und die Dortmunder Hütten wurden von Krupp mit feindlicher – im Übrigen kreditfinanzierter – Übernahme Anfang der 1990er Jahre geschluckt und nach und nach stillgelegt.

Die Anlagen der Westfalenhütte wurden später an ein chinesisches Unternehmen verkauft, das die Produktionsstätten wie ein Puzzle zerlegte und in China wieder aufbaute und in Produktion brachte. Die ehemaligen Werkswohnungen gingen an die Evonik (heute Vivawest) über, und die Fertigungsanlagen von Phoenix wurden wie die Kokerei der Westfalenhütte von den Chinesen demontiert, nach China verschifft und dort wieder aufgebaut. Das Firmengelände der Phoenixhütte wurde durch Anlegen eines Sees mit entsprechender Wohnbebauung für den etwas anspruchsvolleren Bedarf umgestaltet, das Pförtnerhaus der ehemaligen Westfalenhütte in ein Museum umgewandelt, so dass im 21. Jahrhundert wenig von dem blieb, was in Hochzeiten ca. 20 Prozent der Dortmunder Bevölkerung Lohn und Brot gegeben hatte.

Übernahme und Stilllegung des lästigen Konkurrenten hatte für Krupp allerdings nicht die gewünschte Wirkung, und Ende der 1980er Jahre standen somit die Hüttenwerke Krupp-Rheinhausen zur Schließung an, was vehemente Protestaktionen der Belegschaft zur Folge hatte. Im Dezember 1987 wurde die Duisburg-Hochfelder Rheinbrücke besetzt und in „Brücke der Solidarität" umbenannt (der Name wurde später offiziell übernommen und findet sich noch heute an der Brücke, ursprünglich hieß sie Graf-Spee-Brücke), man blockierte eine Auffahrt der A40 und protestierte schließlich auch vor der Villa Hügel in Essen. Die wochenlangen Proteste und Mahnwachen riefen die Landespolitik in Person des Ministerpräsidenten Johannes Rau auf den Plan, dessen Vermittlung lediglich eine Abmilderung der Folgen der Schließung und des Wegfalls von ca. 6000 Arbeitsplätzen bewirken konnte. Rheinhausen verlor mit der Stilllegung von Krupp den größten Arbeitgeber, da alle Proteste nicht geholfen hatten.

Die Aktionen der Belegschaft wurden in der Medienlandschaft durch die Person des Betriebsratsvorsitzenden von Krupp-Rheinhausen, Manfred Bruckschen, manifestiert, eines „Mini-Lech-Walesa", der medienwirksam die Demonstrationen der Beschäftigten in Szene setzte. Trotz aller Bemühungen wurde das Hüttenwerk auf dem linken Rheinufer stillgelegt, und die Produktionsanlagen wurden abgeräumt. Das ehemalige Werksgelände mit Hafen wurde ein Teil des LogPort Duisburg. Der ehemalige Betriebsratsvorsitzende machte dann eine politische Karriere und wurde mit Direktmandat für zehn Jahre Landtagsabgeordneter in Düsseldorf. Ins Gerede kam er schließlich, als öffentlich wurde, dass er neben seinen Abgeordnetendiäten weiterhin die Arbeitslosenunterstützung einstrich.

Allein für die Bewohner des Duisburger Südens war das Verschwinden des Hüttenwerkes ein Gewinn, insofern sie nicht mehr bei Westwind von dessen Emissionen betroffen wurden; dennoch vermissen die Älteren die imposante Kulisse des Stahlwerks auf der anderen Rheinseite, die besonders eindrucksvoll war, wenn sich im Dunkeln der Himmel über diesem bei einem Abstich rot färbte.

5. Das Revier in schwerer Zeit

Albert Leo Schlageter
Scheinriese der NS-Propaganda

Geboren im Schwarzwald als Kind einer streng katholischen Familie, besuchte er das Gymnasium in Freiburg und zog nach Notabitur in den Ersten Weltkrieg. Danach studierte er Theologie und Nationalökonomie, fand sich aber im zivilen Leben nach vier Kriegsjahren nicht mehr zurecht und schloss sich diversen Freikorps an, mit denen er im Baltikum und Oberschlesien kämpfte. 1920 war er Mitglied des Freikorps Loewenfeld, das im Raume Bottrop/Kirchhellen mit schweren Waffen unterschiedslos gegen Bewaffnete und Unbewaffnete der sogenannten „Roten Ruhrarmee" vorging. Schlageter selbst war nachweislich an den Straßenkämpfen in Bottrop beteiligt.

Diese scheinbaren „Ruhmestaten" (s. von Watter) bewegten die Kirchhellener dazu, ein Ehrenmal für das Freikorps zu errichten, was durchaus in den Zeitläufen der NS-Zeit zu verstehen war; dass allerdings ein solches – wie auch die Benennung einer Straße – noch im 21. Jahrhundert in Verkennung der historischen Ereignisse vertreten wurde, erscheint jedoch mehr als bedenklich. Damit hatte der erste Aufenthalt Schlageters im Ruhrgebiet schon ein dauerhaftes Andenken erhalten.

Ein solches Schicksal ist dem Andenken seiner Opfer nicht widerfahren, denen ein Denkmal auf dem Bottroper Westfriedhof errichtet wurde. Nach dessen Zerstörung durch die Nazis nach dem Kriege notdürftig repariert, ist dessen Restaurierung bis heute ein Zankapfel der politischen Parteiungen des Rates der Stadt Bottrop. In einer Pressemitteilung vom Januar 2018 liest man: „Das von den Nazis zerstörte und nach der Befreiung vom Faschismus nur notdürftig wiederhergestellte Denkmal nur zu restaurieren, wenn durch die Stadtarchivarin [...] festgestellt worden sei, wie der Arbeiteraufstand zu Beginn der Weimarer Republik in Bottrop verlaufen sei." Die Antwort ist leicht zu geben, da auf Seiten der Arbeiterschaft mehr als zweihundert Tote zu beklagen waren.

Als die französische Regierung mit Beginn des Jahres 1923 ihre Politik der „produktiven Pfänder" durch die Besetzung des gesamten Ruhrgebietes ausweitete (zuvor waren nur die Städte Duisburg und Düsseldorf besetzt), rief die Weimarer Regierung zum passiven Widerstand auf, der auch – vor allem durch die Bediensteten der Reichsbahn – befolgt wurde. Die Repressalien der französischen und belgischen Militärbesatzung waren rigide.

Gegen die erklärte Absicht des gewaltfreien Widerstandes – dessen Finanzierung löste letztendlich die Inflation aus –, die jeden Arbeiter zum Millionär machte, wofür man sich allerdings nicht einmal ein Brot kaufen konnte, trat eine Reihe von ehemals militanten rechten Kräften für den aktiven Widerstand ein, allen voran die „Organisation Heinz" (benannt nach ihrem Leiter Heinz Hauenstein), in der Schlageter eine maßgebliche Rolle spielte. Sie verübte Sabotageakte, um den Abtransport der Reparationsgüter zu verhindern, und sie liquidierte Kollaborateure. Dieser sogenannte „aktive Widerstand" war im Vergleich zum massiven passiven Widerstand nur marginal in seiner Wirkung, wurde aber späterhin – maßgeblich während der Nazi-Herrschaft – fälschlicherweise als wesentlich und entscheidend angesehen. Die Anschläge auf Einrichtungen und Personen waren den Menschen des Reviers nicht genehm, da sie regelmäßig durch weitere Repressalien der Besatzer vergolten wurden, welche die miesen Lebensbedingungen weiter verschlechterten.

Schlageter führte Anfang Mai 1923 einen Bombenanschlag auf eine Eisenbahnbrücke aus, etwa auf halber Strecke zwischen Duisburg und Düsseldorf bei Kalkum. Der Sachschaden war wohl verhältnismäßig gering und die Bahnlinie schnell wieder instand gesetzt. Die französischen Militärbehörden schrieben ihn zur Fahndung aus, er wurde schnell gefasst und in einem kurzen Prozess zum Tode durch Erschießen verurteilt, während die Mittäter mit Haftstrafen davonkamen. Das Urteil wurde auf der Golzheimer Heide im Norden Düsseldorfs vollstreckt.

Die rechtsgerichteten Kräfte stilisierten ihn in Folge zum Nationalhelden (wozu auch die im Aufstieg befindliche NSDAP gehörte, da Schlageter 1922 Hitler in München begegnet war), und die Umbettung seines Leichnams von Düsseldorf nach Schönau wurde zu einer nationalen Demonstration. Bereits Anfang der 1930er Jahre erbaute man am Ort seiner Exekution eine monumentale Gedenkstätte. Die Nazis schließlich adaptierten Schlageter als „Blutzeugen" ihrer Bewegung, obwohl lange unklar war, ob er jemals Mitglied dieser Partei gewesen war.

Nachdem die NSDAP die Macht übernommen hatte, wurden landauf, landab Denkmäler für diese „Märtyrer" und „Helden" errichtet (mehr als 80 zählt eine moderne Untersuchung).

Nur in der Region seines wenig segensreichen Wirkens hielt man sich damit weitgehend zurück. Das änderte sich, als ein verdienter NS-Mann in Bottrop zum Oberbürgermeister befördert wurde, Günther Georg Oskar Bernhard von Stosch, ein schlesischer Graf und promovierter Jurist mit lupenreiner Nazi-Karriere, der die Geschicke der Stadt von 1935 bis 1941 lenkte. Ende der zwanziger Jahre hatte die Stadt Bottrop ein nördlich von ihr gelegenes Waldstück des ehemaligen Köllnischen Waldes erworben, das der Naherholung dienen sollte. Die 1935 dort angelegten Stadtteiche wurden auf Betreiben des Oberbürgermeisters dann „Schlageter-Teiche“ genannt, die daneben liegende Straße (heute Plaggenbahn) erhielt ebenfalls dessen Namen. Die Bezeichnung hat sich bei den älteren Bürgern bis heute gehalten, jedoch vielfach in Unkenntnis darüber, wer Schlageter war. Sieht man von den glorifizierenden Übertreibungen ab, so war er eine durch den Ersten Weltkrieg geprägte Landsknechtsnatur, die den Weg zurück in ein ziviles Leben nicht mehr geschafft hat, ein wenig erfolgreicher Militarist, der in diversen Freikorps ohne jegliches administratives Mandat kämpfte (modern würde man ihn eher als Freischärler bezeichnen), ein Bombenleger und Attentäter, dessen Anschläge wenig oder gar keine Auswirkungen in Bezug auf das avisierte Ziel hatten.

Oskar Freiherr von Watter
Eroberer des Ruhrgebietes

Das im Ersten Weltkrieg hochdekorierte Mitglied des Generalstabes (der sich vornehmlich aus adeligen Offizieren rekrutierte) Oskar von Watter blieb nach Kriegsende im Vertrag von Versailles oktroyierten 100 000-Mann-Heer und war maßgeblich daran beteiligt, die durch die Demobilisierung nicht mehr benötigten Militärs in sogenannten Freikorps – paramilitärischen Einrichtungen unter der Führung ihrer ehemaligen Offiziere – zu organisieren. Diese unterstellten sich dann de facto der Reichswehr, hier in der Region dem VII. Armeekorps Münster, dessen Leitung seit 1919 von Watter innehatte.

Als es dann im gleichen Jahre in Hervest (Dorsten) und in Bottrop zum Bergarbeiterstreik kam, ließ von Watter diesen durch ein von Otto Lichtschlag kommandiertes Freikorps brutal und blutig niederschlagen.

Als dann wiederum ein Jahr später der rechtsgerichtete Kapp-Putsch die junge Republik erschütterte und die Regierung zur Flucht aus Berlin zwang, riefen die linken Parteien zur Abwendung der Gefahr den Generalstreik aus, der maßgeblich im Ruhrgebiet befolgt und schließlich das Scheitern dieses Putsches zur Folge hatte. Durch die Reichswehr (also auch durch von Watter) sowie durch die im Ruhrgebiet in den Kasernen untergebrachten Freikorps wurde der Putsch unterstützt, so dass sich, zunächst vornehmlich gegen diese, die Streikenden bewaffneten und diese vertrieben. Daraus entstand schnell die sogenannte „Rote Ruhrarmee", die innerhalb weniger Tage die Städte des Ruhrgebietes in ihre Hand brachte und deren Verwaltung übernahm, indem sie die Bürgermeister nach Hause schickte und durch Arbeiterräte ersetzte. Da dies weitgehend spontan aus der Situation heraus geschah, waren diese in keiner Weise vorbereitet und ließen die Verwaltung einfach weiterlaufen. Die Reichsregierung bemühte sich um Deeskalation und eine Verhandlungslösung.

Vertreter der Reichsregierung, unter anderen der Landwirtschaftsminister Otto Braun (SPD) sowie der Staatskommissar für das Ruhrgebiet Carl Severing, trafen die Abgesandten der „Ruhrarmee" – die sicherlich keine solche war, rekrutierte sie sich aus den bis dato Streikenden, überwiegend nur mit Handfeuerwaffen Versehenen, die aus verschiedenen Revierstädten ohne militärische Führung zusammengewürfelt waren.

In zwei Verhandlungstagen kam man zu einer Vereinbarung, die nach dem Tagungsort als „Bielefelder Abkommen" bezeichnet wurde. Unter der Voraussetzung einer Entwaffnung der „Ruhrarmee" und der Rückkehr zu geordneten Verhältnissen machten die Vertreter der Reichsregierung die Zusage, dass keine Verbände der Reichswehr ins Ruhrgebiet einrücken sollten. Des Weiteren gab es vage Zusagen, dass der politische Einfluss der Arbeiterbewegung gestärkt werden sollte.

Diese Verhandlungslösung hätte durchaus erfolgreich sein können. Man hatte es allerdings verabsäumt, die stark rechts orientierte Reichswehrführung in die Verhandlung einzubinden. Gleichsam als Staat im Staate interessierte es die militärische Führung wenig – besser gesagt gar nicht –, was die Regierung, die schon vor dem Kapp-Putsch aus Berlin davongelaufen war, mit „aufmüpfigen Zivilisten" vereinbart hatte.

Entgegen der erklärten Absicht der Regierung und ihren Anweisungen setzte von Watter die ihm unterstellten Reichswehrverbände und Freikorps Richtung Ruhrgebiet in Marsch, um dort die „Herrschaft der Bolschewisten" zu eliminieren. Wie er vorzugehen gedachte, zeigt einer seiner Tagesbefehle, der sinngemäß beinhaltete, dass diejenigen, die bewaffnet angetroffen würden, zu erschießen seien, und unbewaffnete Menschenaufläufe durch Eröffnung des Feuers „zersprengt" werden sollten.

Gegen die militärisch ausgebildeten und teilweise mit schweren Waffen ausgerüsteten Verbände hatten die bewaffneten Arbeiter keine Chance. Namentlich die Freikorps gingen mit Rachegelüsten gegen die Menschen des Ruhrgebietes mit Erschießungen rücksichtslos vor und zogen eine blutige Spur durch das Revier. So beschoss das Freikorps Loewenfeld die Stadt Bottrop zwei Tage lang mit schweren Waffen ohne jedwede Rücksicht auf Verluste bei der Zivilbevölkerung. In Oberhausen wütete das Freikorps Schulz, das einige Tage zuvor aus seinem Standquartier in einer Kaserne in Mülheim vertrieben worden war, mit Misshandlungen und willkürlichen Erschießungen, denen selbst Frauen zum Opfer fielen. Erst nach der vollständigen Vernichtung des Widerstandes und der vollständigen Einnahme des Ruhrgebietes fand sich von Watter bereit, den Weisungen der Regierung zu folgen.

Die Gräueltaten von Reichswehr und Freikorps Ende März und Anfang April forderten eine vierstellige Anzahl von Toten (genaue Zahlen gibt es wohl nicht), die vielfach namentlich nicht einmal bekannt geworden sind. Oskar von Watter wurde in Folge abgelöst und in den Ruhestand geschickt, verantworten musste er sich für das von ihm angerichtete Blutbad jedoch niemals.

Man fragt sich, wer nun diese so geschundenen „Aufrührer" waren. Es waren unsere Großväter, kleine Leute, Arbeiter im Revier, die dem Aufruf ihrer Gewerkschaften und linken Parteien folgten, um den Erfolg des Putsches von rechts – für den auch Reichswehr und Freikorps erklärtermaßen standen – zu verhindern und den kleinen Vorteil, den die Republik für ihre nicht gerade rosigen Lebensbedingungen versprach, zu erhalten.

Ihre Diffamierung erlebte dann mit der Übernahme der Macht durch die Nazis einen weiteren Höhepunkt. Unter diesen konnte von Watter die Errichtung eines durchaus monumentalen Denkmals inmitten des Ruhrgebietes zum Gedenken an die gefallenen Ruhrkämpfer – wohlgemerkt nur für die Toten der Reichswehr und der Freikorps – durchsetzen, welches ihn als Helden des Kampfes gegen den „Bolschewismus" rühmte. Es wurde 1934 mit viel Nazi-Tam-Tam in Form eines Mini-Stonehenge eingeweiht, gleichsam als blasphemische Verhöhnung der Opfer durch die Täter. Und man glaubt es kaum: Es kann noch heute in der Nähe des Eisenbahnmuseums Dahlhausen betrachtet wurden. Zwar wurden 1945 die ursprünglichen Gedenktafeln entfernt, der 1985 einmal geforderte Abriss jedoch durch Umwidmung zu einem Mahnmal – jetzt für alle Opfer – verhindert.

Mehr als ein paar Tafeln an einem Denkmal hatte man wohl für das Gedenken an die Blutopfer des Ruhraufstandes nicht übrig, da es noch heute den Namen seiner ursprünglichen Bestimmung trägt: „Ruhrkämpfer-Denkmal". Man scheint doch – nicht nur was die Historie angeht – auf dem rechten Auge blind zu sein.

Als von Watter im August 1939 starb, war er für keine der an der Ruhrgebietsbevölkerung begangenen Schandtaten, die er befohlen und zu verantworten hatte, zur Rechenschaft gezogen worden.

Gottfried Hinze
Nicht nur ein Torhüter der ersten Stunde

Die Fans von Königsblau und Schwarz-Gelb, sie mögen es dem Autor nachsehen, dass hier nicht die Leuchttürme des Ruhrgebietsfußballs ihre sicherlich berechtigte Würdigung finden. Über sie ist so hinreichend viel zu Papier gebracht worden, dass es für die Fans wenig erhebend wäre, noch einmal auf erbärmlich wenigen Seiten etwas über ihre Klubs zu lesen. Außerdem war es nicht das erste Mal im Revier, dass Fußball gespielt wurde, als die Knappen der Zeche Consolidation und die Jungs vom Borsigplatz vor das runde Leder traten. Fußball war in Deutschland in seinen Anfängen ein von den britischen Inseln importierter Sport, der in den Turn- und Sportvereinen zunächst von den arrivierten gutbürgerlichen Schichten – insbesondere von Gymnasiasten – gespielt wurde.

So war es auch beim Duisburger TV 48, in dem 1892 eine erste Fußballabteilung gegründet wurde. Es waren vornehmlich Schüler des damaligen Realgymnasiums (der Direktor war Quintin Steinbart, nach welchem die Schule heute benannt ist), die auf Anregung ihres Sportlehrers Dietrich Henning dieses englische Kampfspiel neben dem Schlagballspiel ausübten.

Einer diese Schüler war Gottfried Hinze, den man ins Tor stellte. Nach seiner Geburt in Aachen waren die Eltern nach Duisburg umgezogen, wo der Vater eine Handelsagentur für „Bergwerks- und Hüttenartikel“ betrieb.

Das Schlüsselerlebnis in Bezug auf das Fußballspielen der Gymnasiasten war eine Englandreise der Mannschaft 1896, die aufgrund der geschäftlichen Beziehungen des Vaters von Hinze zustande kam. Während dieser spielte man viermal gegen englische Mannschaften, ohne jedoch ein einziges Tor zu erzielen, und Torwart Hinze musste insgesamt sage und schreibe 34 Mal (nach einem anderen Bericht gar 37 Mal) den Ball aus dem Netz holen.

Die Begeisterung blieb, und dann im Jahre 1900 wurde ein eigener Verein gegründet, der DSV (Duisburger Spielverein 1900), dem Hinze von 1905 bis in die 1930er Jahre vorstand. Daneben hütete er weiterhin das Tor, war Schiedsrichter und machte Karriere im neugegründeten DFB, zu dessen Vorsitzenden er 1905 gewählt wurde und der er bis 1925 blieb. Ihm gebührt das Verdienst, in der Zeit vor dem Ersten Weltkrieg den Fußball als Sportart gleichsam hoffähig gemacht zu haben (selbst ein Mitglied des kaiserlichen Hauses Hohenzollern spielte 1913 Fußball), zum anderen lenkte er dessen Aufstieg als Massensport unter der Ägide des DFB in geordnete Bahnen. Als er 1925 sein Amt niederlegte und zum Ehrenpräsidenten ernannt wurde, war Fußball die beliebteste Sportart in Deutschland, so dass selbst der Reichspräsident Hindenburg und Außenminister Stresemann gratulierten.

Hinzes DSV (in weinroten Trikots und weißen Hosen) war in den ersten Jahrzehnten seines Bestehens durchaus erfolgreich. Auf seiner Platzanlage im Duisburger Süden gegenüber dem Friedhof wurden die Spiele gelegentlich zwar noch durch vorbeiziehende Leichenzüge unterbrochen, aber man gewann bis 1927 immerhin zehnmal die westdeutsche Meisterschaft; allerdings langte es nie zu einer deutschen Meisterschaft, und man erreichte lediglich einmal das Endspiel, das 1913 gegen den VfB Leipzig verlorenging. Zwischen den beiden Weltkriegen spielte man mit wechselndem Erfolg.

Die eigentlich große Zeit des DSV begann, als im Jahre 1953 der Aufstieg in die Oberliga West gelang. In der folgenden Saison schickte man den späteren deutschen Meister RWE aus dem Wedaustadion mit einer 2:0 Niederlage zurück an die Hafenstraße; der BVB 09 zog ebenfalls den Kürzeren gegen die „Rothemden". In der nächsten Saison stand der DSV 23 Spieltage an der Spitze der Tabelle der Oberliga West und erreichte die Endrunde zur deutschen Meisterschaft. Die Begeisterung trieb manch bunte Blüten, zum Beispiel die, dass ein Mathematiklehrer der dem Verein benachbarten Realschule seinen Schülern versprach – und dieses Versprechen auch einhielt –, dass es, wenn der DSV am Wochenende gewänne, am Montag keine Hausaufgaben gäbe.

Leider setzte sich in den folgenden Spielzeiten die positive Entwicklung der Mannschaft um Broden, Koll, Wacker und Benning nicht fort, sie dümpelte im Mittelfeld, und die Montagsmatheaufgaben wurden immer häufiger, bis man schließlich 1962 in die 2. Liga abstieg.

Die Enttäuschung vieler Duisburger Fußballfans war groß, als bei Einrichtung der Bundesliga 1963 nicht der DSV, sondern der Verein der „Beuteduisburger" aus dem „preußischen Dorf" Meiderich in die höchste Spielklasse kam und dann anstelle des DSV seine Spiele im Stadion an der Wedau austrug. Das Schicksal des Traditionsvereins war damit besiegelt, und es ging immer weiter bergab, so dass man heute in der Kreisliga C spielt. Daran konnte sogar ein Christoph Daum nichts ändern, der während seines Sportstudiums eine Zeit für diesen Verein kickte.

Gottfried Hinze hat weder die Erfolge noch den Niedergang seines DSV miterlebt, da er bereits 1953 verstarb. Der Mann, der wesentlich mitgeholfen hat, den Fußball in Deutschland groß zu machen, ist selbst in Duisburg dem Vergessen anheimgefallen.

Clärenore Stinnes
Frau mit Benzin in den Adern

Clärenore, Tochter des Magnaten und Großindustriellen aus Mülheim, Hugo Stinnes, entwickelte sich schon früh zum Enfant terrible der Familie. Entgegen dem gewohnten Habitus der „höheren Töchter" bevorzugte sie, obwohl zierlich und klein gewachsen, Hosen, Herrenhemden und Krawatten als Outfit. Schließlich überwarf sie sich mit dem Rest der Familie, nicht zuletzt durch den sehr bald misslungenen Versuch der Gründung einer eigenen Firma. Danach modelte sie zeitweilig für den Berliner Autohersteller Dinos, der seit 1920 in Berlin, heute würde man sagen „Mittelklasse-Autos" mit 13 bis 20 PS baute. Die Firma war von ihrem Vater 1922 gekauft worden.

Nach dem Tod des Familienpatriarchen und dem Übergang dieser Firma in die „Aktiengesellschaft für Automobilbau", die mit ihren Fahrzeugen an Automobilrennen teilnahm, ließ sich die junge Frau überreden, an solchen mitzumachen, allerdings unter dem Pseudonym „Fräulein Lehmann". Es blieb natürlich nicht lange ein Geheimnis, wer sich hinter diesem Allerweltsnamen verbarg, zumal sie den männlichen Konkurrenten häufiger den Auspuff zeigte und mehr als ein Dutzend Rennen gewann.

Während dieser Zeit entwickelte sie den Plan, mit dem Auto um die Welt zu fahren. Ein Sponsor war mit dem Autohersteller Adler schnell gefunden, mit dessen Hilfe sie auch das nötige „Kleingeld" (100 000 Reichsmark) samt den für eine solche Reise nötigen diplomatischen Passpapieren zusammenbrachte. Clärenore fuhr Ende Mai 1927 in Frankfurt los mit einem Adler Standard 6 (6 Zylinder, 3,0 l Hubraum und 50 PS bei einem Verbrauch von mehr als 15 l/100 km; das einzige Extra war eine hydraulische Bremsanlage) zusammen mit einem schwedischen Kameramann, einem zusätzlichen Rüstwagen mit Ersatzteilen sowie zwei Mechanikern und natürlich entsprechendem Werbe-Tamtam. Denn die Reise sollte ja die Zuverlässigkeit deutscher Autos erweisen. Weshalb auch auch ein Umweg gewählt wurde: Anstatt direkt nach Osten, führte die Fahrt über Prag und Budapest nach Istanbul, Ankara, Damaskus, Bagdad, Teheran, Tiflis und von dort nach Moskau, das man Ende August erreichte.

Bereits auf dem Weg nach Novosibirsk und von dort nach Irkutsk hatten die beiden Mechaniker die Nasen voll und brachen die Fahrt ab. Am Baikalsee in Irkutsk musste die Reise wegen des hereinbrechenden Winters unterbrochen werden. Fräulein Stinnes wartete einfach ab, bis das Eis auf dem Baikalsee hinreichend fest war, und fuhr dann über den zugefrorenen See Richtung Mongolei und Ulan Bator. Zur Überwindung von Rissen und Spalten im Eis hatte sie ein paar Bretter auf das Autodach gepackt.

Nach Durchquerung der Mongolei erreichten sie Peking und von der chinesischen Küste aus per Schiff über Japan die Westküste Südamerikas und Lima. Hier überquerten sie – wohl als Erste mit einem handelsüblichen PKW – die Anden, waren am Titicacasee, in La Paz, Buenos Aires und kehrten von dort aus zurück an die Westküste nach Santiago de Chile. Dieses war wohl der strapaziöseste Teil der Reise. Das Auto wurde vielfach geschoben, gezogen, es brauchte mehrere Male eine neue Hinterachse, Federn und diverse Reifensätze, teilweise sprengte man sich den Weg frei, aber der Motor hielt klaglos durch.

Von Chile wiederum ging es mit dem Schiff nach Los Angeles und nach einem Abstecher nach Vancouver und El Paso durch den amerikanischen Kontinent, eine einzige

Spazier- und aufgrund des Werberummels Triumphfahrt, die durch einen Empfang bei dem amerikanischen Präsidenten Herbert Clark Hoover gekrönt wurde. Nach der Alantiküberquerung – von New York aus – war der Heimweg über Paris nach Berlin wohl eher eine „Kaffeefahrt", deren Ende im Juni 1924 mit großem medialem Auftrieb gefeiert wurde. Das Auto hatte knapp 50 000 Kilometer auf dem Tacho, und die Zuverlässigkeit deutscher Autotechnik war erwiesen. Die Feierstimmung wurde nur dadurch getrübt, dass Kameramann Söderström, anstatt die zum Empfang angereiste Gattin in Wiedersehensfreude in die Arme zu schließen, seinen Entschluss verkündete, sich scheiden zu lassen und Fräulein Stinnes zu ehelichen.

Der erfolgreiche Abschluss der Weltreise wurde medial verwertet. Clärenore schrieb ein Buch mit dem Titel „Im Auto zwischen zwei Welten", und das Filmmaterial wurde zu einer Dokumentation zusammengestellt und nachträglich vertont. Die Weltumfahrer wanderten nach Schweden aus, gründeten eine Familie, aus der drei Kinder hervorgingen. Man erwarb in Südschweden einen Gutshof, den man bis an das Ende seiner Tage bewirtschaftete.

Die Erdumrundung im PKW und ihre Protagonisten fielen der Vergessenheit anheim. Man erinnerte sich erst wieder – wohl auch im Zuge der Frauenbewegung – an die mutige kleine Frau zu Beginn des 21. Jahrhunderts, nachdem zuvor ein Bildband erschienen war, und produzierte einen Dokumentarspielfilm mit dem Titel „Fräulein Stinnes fährt um die Welt". Es folgte ein mediales Revival mit einer Filmdokumentation des WDR im Jahre 2015. Ihr Buch wurde wieder aufgelegt (2017), und das Internet bietet heute unter „YouTube" die meisten der bewegten Bilder der historischen Fahrt. Für die moderne Fassung des Abenteuers der Weltumrundung restaurierte man gar einen nur desaströs erhaltenen Oldtimer, so dass man die Lücken im Originalfilmmaterial füllen konnte.

Clärenore Söderström hat das wieder aufkeimende Interesse nur noch in Teilen erlebt, indem sie verschiedentlich vor ihrem Tode 1990 interviewt wurde. Sie war die einzige Frau, die in den frühen Tagen des Automobils eine Reise um die Erde wagte und erfolgreich beendete, bis im Jahre 2017 eine 77-jährige Rentnerin sich mit einem Oldtimer auf den Weg machte, die Erde mit dem Auto zu umrunden, dies allerdings unter ganz anderen technischen und strukturellen Voraussetzungen. Erst knapp ein Jahrhundert nach ihrer Fahrt und zwei Jahrzehnte nach ihrem Tode hat die Mülheimerin Clärenore Stinnes-Söderström endgültig eine entsprechende Würdigung erfahren.

Karl Ludwig Imhoff
„Erfinder“ des Baldeneysees

Die Ruhr wurde in der zweiten Hälfte des 18. Jahrhunderts durch Schleusenwerke vornehmlich für den Kohletransport schiffbar gemacht. Das explosionsartige Anwachsen der Bevölkerung durch die Industrialisierung in der zweiten Hälfte des 19. Jahrhunderts hatte insofern Folgen für den Fluss, welcher der Region seinen Namen gab, als nicht nur die Industrie-Abwässer und die Fäkalien der Anrainer in diesen abgeleitet wurden, sondern auch – in der Regel aus Brunnen in Ufernähe – das Trinkwasser für die dort wohnenden Menschen gewonnen wurde. So dies nicht ausreichte, wurde das Wasser direkt aus der Ruhr in die Leitungen gepumpt, was 1866 zu einer Cholera-Epidemie in Duisburg führte und noch im Jahre 1902 zu einer Typhus-Epidemie in Gelsenkirchen, der etwa 200 Menschen zum Opfer fielen.

Anfang des 20. Jahrhunderts hatte sich die Einsicht in die Notwendigkeit der Verbesserung bzw. der Regulierung der Abwässer in Emscher und Ruhr durchgesetzt, und der Emscher- und der Ruhrverband wurden gegründet.

Es war wohl glücklicher Zufall, dass man einen jungen Wasserbauingenieur, Karl Ludwig Imhoff, in den Emscherverband berief, der sich in seiner Doktorarbeit mit Kläranlagen auseinandergesetzt hatte (Titel: „Die biologische Abwasserreinigung in Deutschland“). Für die Emscher entwickelte er den sogenannten „Emscherbrunnen“ (anderswo Imhoff-Tank genannt), mit dem die gröbsten Schmutzstoffe aus dem Wasser entfernt werden konnten. Mit dem Patent auf diese Anlage verdiente er in der folgenden Zeit reichlich Geld.

Nebenher verfasste Imhoff ein Gutachten über die Reinhaltung der Ruhr (später als Buch veröffentlicht), was dazu führte, dass er zum Ruhrverband wechselte. Die dort gestellte Aufgabe war wesentlich anspruchsvoller insofern, als hier die Trinkwassergewinnung im Vordergrund stand. Imhoff entwickelte den Plan, die Fließgeschwindigkeit der Ruhr durch Aufstauen von diversen Seen zu verringern in der Annahme, dass Schweb- und Schadstoffe sich im dem so beruhigten, annähernd stehenden Gewässer absetzen und letztlich auf natürliche Weise abgebaut würden. Zum Ende der „goldenen“ (waren sie das wirklich?) zwanziger Jahre dann wurden der Harkort- und der Hengsteysee (zwischen Hagen, Dortmund und Wetter) fertiggestellt. Mit dem Bau des anspruchsvollsten Projektes, dem Baldeneysee, begann man im Juli 1931, als die Weltwirtschaftskrise sich ihrem Höhepunkt näherte.

Um den Wasserstand der Ruhr konstant zu halten und die Trinkwasserversorgung des mittleren und westlichen Ruhrgebietes zu gewährleisten, baute man gleichzeitig ein Rückpumpwerk, das Rheinwasser bis zum Gelsenkirchener Wasserwerk an der Ruhr pumpen konnte (in den Dürrejahren 1947 und 1959 wurde dies tatsächlich gebraucht). Die Fertigstellung der Sperrmauer bei Werden geriet in Gefahr, als bereits im Dezember 1931 die Baufirma bankrottging. Der Bau konnte jedoch im Frühjahr des folgenden Jahres weitergehen mit Hilfe des „Freiwilligen Arbeitsdienstes“, mit dem die Regierung Brüning die Masse der Arbeitslosen von der Straße holen wollte (der spätere Arbeitsdienst war genauso wenig eine „Errungenschaft“ der Nazis wie die Autobahn). Finanziert durch die Erwerbslosenfürsorge, arbeiteten bis zu 2000 junge Männer jeweils für etwa zehn Wochen lediglich mit Schaufel und Kreuzhacke an der Vollendung des Wehrs und dem

Aushub des zukünftigen Baldeneysees für einen täglichen Lohn von 1,00 bis 1,80 Reichsmark zuzüglich eines warmen Mittagessens.

Das Vorhaben gelang. Ende des Jahres 1933 wurde das Stauwehr fertiggestellt, und der neue See konnte angestaut werden. Die neuen Machthaber verhinderten, da sie den Erfolg nicht an ihre Fahnen heften konnten, eine Einweihungsfeier und entfernten den „Erfinder“ und Erbauer der Ruhrseen wenig später aus dem Amt, der danach nur noch als beratender Ingenieur tätig sein konnte.

Imhoffs Plan funktionierte aber: Durch die Anlage der Seen wurde die Ruhr sauberer, und die Essener eroberten den neu entstandenen Baldeneysee als Naherholungsgebiet. Ein Freibad wurde eingerichtet, und bald bot die „Weiße Flotte“ Ausflugsfahrten über den See an. In den folgenden Jahren dann gründete sich eine Vielzahl von Kanu- und Wassersportvereinen, die wie Perlen an einer Schnur die Ufer säumten, in denen die „kleinen Leute“ ihre damals noch karge Freizeit am und auf dem Wasser verbringen konnten. Mit Förderung der Familie Krupp wurde für die Arrivierten des Weiteren ein Ruderverein eingerichtet, der dem Ende des 19. Jahrhunderts – ebenfalls mit deren Hilfe – gegründeten ETuF (Essener Turn- und Fechtverein) angegliedert wurde. Hinzu kamen noch eine Regattastrecke und die notwendigen Einrichtungen für den Segelsport.

Heute erinnert nichts mehr an die ursprüngliche Funktion des Baldeneysees, der zu einem der bedeutsamsten Naherholungsgebiete des Reviers geworden ist, und somit ist auch das Andenken an dessen „Erfinder“ weitgehend dem Dunkel der Geschichte anheimgefallen. Darüber hinaus verdanken verschiedene Kommunen des Ruhrgebietes diesem Mann ihre Stadtentwässerungssysteme.

In seinen kurzgefassten „Erinnerungen“, die er seinem grundlegenden Werk „Taschenbuch der Stadtentwässerung“, das seit seinem Erscheinen bis heute in mehr als 30 Auflagen (32. Auflage 2017) erschienen und in etwa 20 Sprachen übersetzt ist, voranstellt, formuliert Imhoff dies lapidar: „An der Emscher und an der Ruhr habe ich wohl über 100 Kläranlagen gebaut.“ Das sind allerdings Einrichtungen, die zwar unerlässlich sind, über die man aber nicht spricht, so auch nicht über deren Konstrukteur.

Emil Kirdorf
Für die Nazis hilfreicher Opa

Geboren 1847, begann Kirdorf seine Karriere im Bergbau des Ruhrgebietes, als die elterliche Weberei pleiteging. Die erste Station war die Zeche Holland in Wattenscheid, wo er als Buchhalter anfing und 1871 – im Jahr der Gründung des Deutschen Reiches – deren Direktor wurde. Bereits zwei Jahre später wurde er kaufmännischer Direktor der Gelsenkirchener Bergwerks AG (GBAG), als einer der ersten Manager im modernen Sinne, der nicht Eigentümer der Firma war, die er leitete. Die GBAG wurde unter seiner Leitung sehr schnell das größte Bergbauunternehmen des Reviers, indem der Konzern eine Vielzahl von Zechen aufgekaufte. Kirdorf war ebenfalls maßgeblich an der Gründung des Rheinisch-Westfälischen Kohle-Syndikats beteiligt.

Aufgrund seiner Stellung spielte Kirdorf auch eine nicht unerhebliche Rolle bei den Bergarbeiterstreiks von 1889 und 1905. Während beim ersten Streik noch Wilhelm II. drei Bergarbeiter empfing, sie während einer zehnminütigen Audienz zusammenfaltete und mit dem sogenannten „Berliner Protokoll“ vage Versprechungen zugesagt waren, die von den Arbeitgebern dann letztlich nicht eingehalten wurden, entzündete sich der Streik vom Beginn des 20. Jahrhunderts an der einseitig verkündeten Arbeitszeitverlängerung. Zunächst bemühten sich die Gewerkschaften um Beruhigung, aber als dann die Arbeitgeber sich weigerten zu verhandeln, wurde daraufhin wenig später der Generalstreik ausgerufen.

Die wesentlichen Forderungen der Bergarbeiter waren zum einen die Rücknahme der Arbeitszeitverlängerung sowie die Verbesserung der erbärmlichen Arbeitsbedingungen, zum anderen die Verbesserung der Hygiene. Seit Anfang des 20. Jahrhunderts grassierte nämlich unter den Bergleuten die „Wurmkrankheit", ein eingeschleppter tropischer Parasit (Hakenwurm), der in der Wärme unter Tage hervorragend gedieh. Aufgrund unzureichender medizinischer Versorgung forderte er rund 20 000 Opfer unter den Bergleuten und wurde später sogar zeitweilig als Berufskrankheit anerkannt.

Kirdorf & Co. weigerten sich weiterhin zu verhandeln und warteten schlicht ab, bis der Streik nach etwas mehr als 14 Tagen aufgrund der leer gefegten Streikkassen zusammenbrach. Der Aufruf der Gewerkschaft „Hungert, aber beugt euch nicht" war wenig hilfreich, wenn man eine vielköpfige Familie zu ernähren hatte, und Kirdorf blieb, was er war, ein rigoroser Bekämpfer jedweder Form der Arbeiterbewegung. Sein großes Vorbild war „Der Eiserne Kanzler" Bismarck, dem er den gleichnamigen Turm in Essen-Kray als Denkmal errichten ließ. Als er mit dem Bau seiner Villa im Uhlenhorst (Mülheim; späterhin die bevorzugte Wohngegend der Industriellen des Reviers) gerade zur Zeit des Bergarbeiterstreiks begann, nannte er diese beziehungsvoll „Streithof".

Als nahezu 80-jähriger Pensionär lernte Kirdorf Ende der zwanziger Jahre die NSDAP und Adolf Hitler kennen, dem er, so denn die Angaben von Goebbels in seinem Tagebuch zutreffen – „Wie arm sind wir damals gewesen. Führer erzählt, wie er sich einmal erschießen wollte, weil ihm die Wechselschulden über den Kopf wuchsen. Da hat ihm Kirdorf mit 100 000 Mark geholfen." – großzügig aus einer finanziellen Notlage half und den er später im Kreise der „Ruhrgebietsbarone" hoffähig machte. Er trat in die NSDAP ein und ein Jahr später wieder aus, dann wieder ein. Hitler schien ihm persönlich durchaus dauerhaft dankbar zu sein, denn er verabsäumte es nicht, dem alten Herrn persönlich zum Geburtstag zu gratulieren, indem er ihn verschiedentlich zu diesem Anlass in Mülheim besuchte. Er verlieh ihm das goldene Parteiabzeichen und den „Adlerschild", eine aus der Weimarer Republik übernommene Auszeichnung für Zivilisten, und ließ ihn als nationale Legende feiern und – wie bei den Nazis üblich – durch Fackelzüge ehren.

Als Kirdorf dann in seinem 92. Lebensjahr für immer die Augen schloss, organisierte man in Gelsenkirchen eine pompöse Leichenfeier in Form eines Staatsbegräbnisses. Er wurde in Ückendorf auf der Zeche Rheinelbe, die zur Gelsenkirchener Bergwerks-AG gehörte, aufgebahrt und in Anwesenheit Hitlers in aufwendigem Leichenzug durch die geschmückten Straßen zu Grabe getragen. Links und rechts der Straße wurden 60 Säulenattrappen aufgebaut, auf deren Kapitel der Nazi-Adler thronte. Ergänzt wurde das Szenario durch eine Galerie von Hakenkreuzfahnen, so dass das Begräbnis zu einer Propagandaveranstaltung der Nazis wurde, die auf diese Weise Abschied nahmen von „dem toten Wirtschaftsführer und nationalsozialistischen Altgardisten", wie es die Zeitung zu formulieren beliebte. Hitler selbst nahm allerdings nur an der Trauerfeier in der Lohnhalle der Zeche teil (es war das einzige Mal, dass er in Gelsenkirchen war), die Begleitung des Trauerzuges überließ er seinen Paladinen, allen voran Himmler.

Kirdorf war, anders als dieses Begräbnis glauben macht, kein grundüberzeugter Nazi. Er hat sie ohne Zweifel hinreichend gefördert und ihnen damit zur Macht verholfen, dies jedoch aufgrund seiner tiefen Ablehnung der Weimarer Demokratie („Pöbelherrschaft") und aufgrund seiner strikten Gegnerschaft gegen jedwede Arbeiterbewegung.

Seine rücksichtslose, autoritäre und teilweise menschenverachtende Handlungsweise hat mit dazu beigetragen, dass die Lebensverhältnisse der Bergarbeiter in den ersten Jahrzehnten des vergangenen Jahrhunderts so erbärmlich blieben, wie sie zuvor waren.

Seine Villa im Uhlenhorst steht übrigens heute noch und gehört zur Route der Industriekultur. Nach wechselvoller Nutzung ist sie als Baudenkmal unter dem Namen Uhlenhof heute wieder im Privatbesitz eines Mitstreiters von Thomas Middelhoff.

Nikolaus Groß
Primus inter Pares

Die ungeheuren Verbrechen der Nazi-Diktatur, der Völkermord des Zweiten Weltkrieges und die Vernichtung des europäischen Judentums, sind unauslöschlich in das historische Bewusstsein der Menschen eingebrannt. Vor diesem Hintergrund verblassen die Untaten, welche die Nazis an ihren Kritikern und Widersachern im eigenen Lande verübt haben.

Schon nach der sogenannten „Machtergreifung" nach den Reichstagswahlen von 1933 sowie der Auflösung der Gewerkschaften und deren Eingliederung in die „Deutsche Arbeitsfront" gab es eine Vielzahl von Menschen, die mit ihrer Kritik nicht hinter dem Berg hielten. Insbesondere in der Arbeiterschaft des Ruhrgebietes sowie in den meisten Kirchengemeinden waren die neuen Machthaber nicht sehr gelitten. Noch bei der Reichstagswahl vom Januar 1933 erhielten die sozialdemokratischen Parteien sowie die Kommunisten in der Region mit Abstand die meisten Stimmen.

Nach Übernahme der Administration und der Machtstrukturen gingen die Nazis daran, Abweichler, Kritiker und Andersdenkende zu kriminalisieren und durch ein ausgeklügeltes Denunziantentum zu verfolgen und dem Terrorstaat letztlich auszuliefern. Das Gelindeste als Konsequenz für die auf diese perfide Weise Angeschwärzten war der Verlust des Arbeitsplatzes; weitaus häufiger verschwanden sie in den Gefängnissen und Zuchthäusern. Nach dem Reichstagsbrand Ende Februar 1933, der einem Kommunisten in die Schuhe geschoben wurde, waren zunächst vornehmlich die Kommunisten das Ziel dieser Verfolgung. Dann in der Endphase des Zweiten Weltkrieges wurden – insbesondere durch den 1934 eingerichteten „Volksgerichtshof" – die Andersdenkenden vielfach der Volksverhetzung oder Wehrkraftzersetzung angeklagt, mit maßlosen Urteilen oder auch ganz ohne Verfahren in die KZs gesteckt oder ohne jedes Verfahren ermordet.

Gegen das Unrechtsregime und den Terror wandten sich viele, zum einen die Bekennende Kirche und Teile des Katholizismus, zum anderen ehemalige Mitglieder der aufgelösten Gewerkschaften und linken Parteien. Gerade hier im „roten" Ruhrgebiet gab es eine Reihe von erklärten Gegnern des Unrechtsregimes, wie zum Beispiel die Belegschaft der Brotfabrik Germania in Hamborn, um nur ein Beispiel zu nennen. Deren Blutzoll war – vornehmlich nach dem Attentat vom Juli 1944 – erheblich. Dennoch blieben und sind viele dieser Opfer namenlos geblieben, selbst wenn man sich zwischenzeitlich bemüht hat, dieses dunkle Kapitel deutscher Geschichte aufzuhellen.

Aus diesen vielen namenlosen und bekannten Opfern ragt heraus ein Bergmann, Gewerkschafter und gläubiger Christ, der in der katholischen Kirche im Jahre 2001 als Seliger zur Ehre der Altäre erhoben wurde. Nikolaus Groß wurde am 7. Oktober dieses Jahres von Papst Johannes Paul II. seliggesprochen.

Geboren 1898 in Niederwenigern bei Hattingen, wurde er in der Kirche des heiligen Mauritius getauft und ergriff nach seiner Schulzeit, wie es in dieser Zeit hier in der Gegend üblich war, den Beruf des Bergmanns. Als solcher trat er der christlichen Gewerkschaftsbewegung Antonius-Knappenverein (KAB) bei, in der er aufgrund seines Bildungsbestrebens und seines bewundernswerten Einsatzes sehr schnell Karriere machte und Gewerkschaftssekretär wurde. Seine erste Station in dieser Funktion war ab 1920 der Gewerkverein christlicher Bergarbeiter in Oberhausen. Als solcher war er an der Herausgabe der Zeitung „Der Bergknappe“, die in Essen veröffentlicht wurde, beteiligt. Nach diversen anderen Stationen und Aufgaben arbeitete er dann zwischen 1924 und 1926 als Gewerkschaftssekretär in Bottrop.

Schon Ende der zwanziger Jahre wandte Nikolaus Groß sich gegen den aufkommenden Nationalsozialismus und schloss sich nach der Machtergreifung Hitlers dem Widerstand an. Obwohl er am Attentat gegen Hitler im Jahre 1944 nicht unmittelbar beteiligt war, wurde er in den letzten Monaten des Krieges verhaftet und von dem berüchtigten „Volksgerichtshof“ – obwohl ihm keine Beteiligung nachzuweisen war – gleichsam als Mitläufer zum Tode verurteilt. Die zynische Begründung dokumentiert die Willkür, mit der Roland Freisler die Todesurteile rechtfertigte: „Er schwamm mit im Verrat, muß folglich auch darin ertrinken.“

Am 23. Januar 1945 wurde das Urteil gegen Nikolaus Groß in Plötzensee durch Erhängen vollstreckt, der Leichnam verbrannt und die Asche auf Rieselfeldern verstreut.

Das Andenken an diesen tiefgläubigen Arbeiterführer ist gerade hier im Ruhrgebiet stets bewahrt worden. Zahlreiche Städte (Bottrop, Gelsenkirchen, Duisburg, Dinslaken, Oberhausen, Hattingen, Essen, Dortmund) haben Straßen, Schulen und Institutionen nach ihm benannt.

Als im Jahre 1987 zum ersten Mal ein Papst ins Ruhrgebiet kam und unter anderem die Zeche Prosper-Haniel in Bottrop besuchte, erwähnte er in seiner Ansprache Nikolaus Groß, der sein Leben für seinen Glauben und die Kirche hingegeben habe. Dies nahm der erste Bischof des Ruhrbistums, Franz Hengsbach, zum Anlass, den Seligsprechungsprozess in Angriff zu nehmen, ein Verfahren, das dann bis 2001 andauerte, so dass noch derselbe Papst Johannes Paul II. die Seligsprechung verkünden konnte.

Nach der Seligsprechung wurde dem ehemaligen Bergmann eine ganz besondere Erinnerung in Dümpten zuteil, dem ehemaligen Zechendorf (Zeche Roland, Zeche Rosenblumendelle, Zeche Wiesche), das heute teilweise zu Mülheim und zu Oberhausen gehört (der Mülheimer Bürgermeister weigerte sich 1910, alle Zechensiedlungen und die Masse der Bergarbeiterfamilien nach Mülheim einzugemeinden). Die in Dümpten 1902 unter dem Patronat der heiligen Barbara eingerichtete katholische Gemeinde bewahrte, obwohl es mit dem Bergbau seit der Weltwirtschaftskrise zu Beginn der 1930er Jahre weitgehend zu Ende ging, die Bergbautradition. Sie entschloss sich nach 2001, zu Ehren des „seligen Kumpels" ein Musical über das Leben des Nikolaus Groß zu konzipieren und mit Gemeindemitgliedern aufzuführen. Es erlangte eine gewisse Popularität, wurde mehr als hundertmal auf die Bühne gebracht – unter anderem auf einem Kirchentag – und erhöhte so nicht zuletzt den Bekanntheitsgrad des einzigen Ruhrgebietsheiligen.

Anstelle der vielen anderen – vielfach für immer namenlosen – ist es Nikolaus Groß anheimgefallen, die Erinnerung an diese, die wegen ihrer Überzeugung und ihres Widerstandes dem Nazi-Wahnsinn zum Opfer gefallen sind, zu bewahren.

Wilhelm Franz Canaris
„Rechter" Janus

In Aplerbeck (Dortmund) im Jahre 1887 geboren, kam Canaris als Fünfjähriger nach Hochfeld (Duisburg), wo der Vater eine leitende Stellung in der dortigen Niederrheinischen Hütte erhalten hatte. Nach dem Abitur am Steinbart-Gymnasium strebte der kleingewachsene junge Mann (1,60 m) eine militärische Karriere bei der Marine an, entgegen dem Wunsche seines Vaters, der ihn gern bei der Kavallerie gesehen hätte. Die Begeisterung für die kaiserliche Marine war zur Jahrhundertwende allgemein, für Kinder waren Matrosenanzüge en vogue, und 1902 wurde die „Schaumweinsteuer" zur Finanzierung des Baues der Kriegsflotte eingeführt.

Seekadett Canaris machte schnell Karriere und tat bei Ausbruch des Ersten Weltkrieges Dienst auf dem Kreuzer Dresden, der zu der Zeit in Port-au-Prince auf Haiti lag. In Folge führte dieses Schiff einen Kaperkrieg vor den Küsten Südamerikas, schloss sich der von Spee'schen Flottille an, die vor der chilenischen Küste der britischen Seemacht eine empfindliche Niederlage bereitete.

Weitab von Versorgungsmöglichkeiten fiel wenig später das kaiserliche Geschwader den überlegenen britischen Seestreitkräften bei den Falklandinseln zum Opfer, lediglich die Dresden und damit Canaris konnten dem Untergang entgehen und im Pazifik in chilenische Gewässer entweichen. Nach der Selbstversenkung des Schiffes und Internierung der Mannschaft brachte Canaris das Husarenstück zustande, über die Kordilleren nach Argentinien und von dort über Amsterdam nach Hamburg zu kommen. Da die Kriegsflotte – bis auf die Skagerrakschlacht –

geschont wurde und in den Häfen verblieb, wurde Canaris der U-Boot-Flotte zugeteilt und als U-Boot-Kommandant im Mittelmeer eingesetzt.

Nach Kriegsende zurück in Kiel, schloss er sich dem späteren Freikorps von Loewenfeld an, das zunächst in Berlin die Spartakisten bekämpfte, danach den Kapp-Putsch aktiv unterstützte und das schließlich während des Ruhrkampfes ein Blutbad in Bottrop anrichtete. Nach Auflösung des Freikorps wurde von Loewenfeld Kommandant des Kreuzers Berlin und Canaris dessen 1. Offizier. An Bord lernte er Reinhard Heydrich kennen, mit dem er in Folge lange Jahre befreundet blieb.

Dem politisch rechten Lager verbunden, strickte er im folgenden Jahrzehnt an seiner militärischen Karriere, die als Kapitän zur See in dem Kommando des Linienschiffes Schlesien gipfelte. In Ablehnung der Weimarer Republik hatte er schon frühzeitig – wohl auch über Heydrich – Verbindung zur NSDAP und vor allem zu Hitler, der den „kleinen Admiral“ förderte und schätzte und 1935 zum Leiter der Abwehr ernannte, während Heydrich an die Spitze des Sicherheitsdienstes gelangte. In dieser Funktion war Canaris Hitlers williger und überzeugter Helfer unter anderem bei der Unterstützung Francos im Spanischen Bürgerkrieg durch die Legion Condor.

Als Hitler dann mit Kriegsvorbereitungen begann und sich der obersten Heeresleitung durch provozierte Skandale (von Blombergs Heirat mit einem angeblich „leichten“ Mädchen und von Fritsch mit der Beschuldigung der Homosexualität) entledigte und er sich dann selbst zum Oberbefehlshaber der Wehrmacht aufschwang, da rückte Canaris von der Nazi-Ideologie und der unbedingten Ergebenheit zu Hitler ab und trug sich wohl mit Gedanken, der heraufziehenden Kriegsgefahr durch Widerstand zu begegnen, wiewohl er trotzdem funktionierendes Rad in der Militärmaschinerie blieb. Einerseits williger Helfer, andererseits bestrebt, die Eroberungskriege Hitlers zu verhindern, suchte er die Generalität zu beeinflussen, den Nazi-Spuk zu beenden, ohne sich allerdings selbst zuzutrauen, die Sache eigenständig in die Hand zu nehmen.

Mit Kriegsbeginn stellte er sich gegen die Verbrechen der Wehrmacht, er verhalf vielen Juden zur Ausreise und beschäftigte sich mit diversen Umsturzplänen, ohne dass diese allerdings jemals ausgeführt wurden.

Erst im Zusammenhang mit dem Attentat vom 20. Juli 1944, an dem Canaris – nach allem, was man weiß – unbeteiligt war, geriet er in den Strudel der Säuberungsaktionen, wiewohl er zunächst noch dem „Führer zu seiner wundersamen Rettung“ gratuliert hatte. Zuvor war seine Dienststelle in Misskredit geraten durch eine Reihe von tatsächlichen oder auch angeblichen Pannen, auf die man unter anderem auch die aussichtslos gewordene militärische Lage zurückführte.

Drei Tage nach dem Bombenanschlag auf Hitler wurde Canaris verhaftet, und nachdem wenige Monate später seine geheimen Unterlagen entdeckt worden waren, die seinen Widerstand gegen die Nazis dokumentierten, zu Beginn des Jahres 1945 ins KZ Flossenbürg verbracht. Ein in den letzten Tagen des Krieges zusammengetrommeltes „Standgericht“ unter dem Vorsitz des Juristen Otto Thorbeck verurteilte Canaris zum Tode durch Erhängen, und das Urteil wurde unmittelbar danach vollstreckt.

Die juristische Aufarbeitung dieses Scheinprozesses Anfang der 1950er Jahre ergab eindeutig, dass selbst gemäß der Nazi-Gesetzgebung das Verfahren widerrechtlich gewesen war; man verurteilte den Nazi-Richter wegen Beihilfe zum Mord, ein Urteil, das der Bundesgerichtshof ein Jahr später durch einen Freispruch aufhob. Letztlich bleib der Mann, der Canaris und mit ihm auch Dietrich Bonhoeffer gegen jedes Gesetz dem Galgen überantwortet hatte, frei und juristisch unbescholten.

Die künstlerische Verbrämung des Lebens von Wilhelm Canaris im Film unter dem Titel „Canaris. Ein Leben für Deutschland“ stilisierte diesen zum aktiven Widerständler und heimste neben dem finanziellen Erfolg diverse Filmpreise (Prädikat: besonders wertvoll) ein. Die umfängliche historische Aufarbeitung ergab das Bild eines zwiespältigen Mannes, eines doppelgesichtigen Janus, der willig zu Diensten des Ungeheuers war, dessen Taten er verabscheute und das ihn deshalb letztendlich verschlang.

6. Erstanden aus Ruinen

Gustav Heinemann
Letzter Bundespräsident auf einer Briefmarke

Nach Theodor Heuss und Heinrich Lübke war der Essener Gustav Heinemann, Sohn eines Metzgers, der dritte Repräsentant der Bundesrepublik Deutschland. Er ragt sowohl aufgrund seines ungewöhnlichen Lebensweges als auch durch sein Engagement als „Bürgerpräsident" und intellektuell Gebildeter hervor. Er war das Gegenteil der Klischees, mit denen die damaligen Ruhrgebietler gemeinhin belegt wurden.

Zweifach promoviert zum Dr. rer. pol. und Dr. jur. in Marburg und Münster, bekleidete Heinemann führende Positionen bei der Rheinstahl AG in Essen, und engagiert in der evangelischen Kirche – er hatte zur Bekennenden Kirche im „Dritten Reich" gehört –, spielte er in deren Laienführung eine bedeutende Rolle als Präses der EKD. 1946 war er Mitbegründer der CDU und wurde erster Oberbürgermeister seiner Wahlheimat Essen (1946–49). Danach war er Landtagsabgeordneter und Justizminister in NRW. In Folge wurde er in das Kabinett Adenauers als Innenminister berufen, wohl weil dieser außer dem Wirtschaftsminister Erhard keinen weiteren Protestanten im Kabinett hatte. Schon bald überwarf er sich mit dem Alten aus Rhöndorf, im Wesentlichen um die Frage der Wiederbewaffnung, und schied aus dem Ministeramt (so etwas tat man damals noch, wenn man nicht der gleichen Meinung wie der Kanzler war). Schließlich trat er auch aus der CDU aus und gründete eine eigene Partei, die jedoch chancenlos an der Fünf-Prozent-Hürde scheiterte.

Sein ehemaliger Arbeitgeber war – entgegen seiner Zusage – nicht erpicht darauf, Herrn Heinemann erneut zu beschäftigen, so dass er in Essen eine Anwaltskanzlei eröffnete, die sich mehr und mehr auf „politische" Prozesse spezialisierte, im Wesentlichen ging es um die Wehrdienstverweigerung, die zu der Zeit noch gerichtlich erstritten werden musste. Er war an der „Spiegel-Affäre" insofern beteiligt, als er das Magazin mit anderen vor Gericht vertrat.

Zwischenzeitlich war er in die SPD eingetreten, erhielt ein Bundestagsmandat und wurde 1966 als Justizminister in die erste große Koalition (Kiesinger/Brandt) berufen. Mit viel Elan ging er ans Werk und reformierte vornehmlich das Strafrecht, indem er dieses von überholten und unzeitgemäßen Paragraphen befreite. Die bis zu diesem Zeitpunkt strafbaren Bagatellverstöße im Straßenverkehr machte er zu Ordnungswidrigkeiten, er schaffte die Homosexualität und den Ehebruch als strafbar ab und liquidierte die Zuchthausstrafe. Außerdem setzte er sich höchst nachdrücklich mit Blick auf die bis dahin noch nicht abgeurteilten Nazi-Verbrechen gegen die Verjährung von Mord ein, was dann auch Gesetz wurde.

Nach Ablauf der beiden Amtszeiten von Heinrich Lübke wurde er als erster SPD-Politiker im Jahre 1969 zum Bundespräsidenten gewählt; der nächste „rote" Bundespräsident (Johannes Rau) heiratete übrigens eine Enkelin Heinemanns, so dass dies die einzige Familie bislang ist, die zwei Bundespräsidenten gestellt hat.

Heinemanns Amtszeit unterschied sich ziemlich gründlich von denen seiner Vorgänger. Zum alljährlichen Empfang lud er erstmalig auch „normale" Bürger ein, und bei seiner Verabschiedung verzichtete er auf den üblichen „großen Zapfenstreich", sondern lud stattdessen zu einer Bootsfahrt ein.

Seine Zeit als Bundespräsident war angefüllt mit den verschiedensten Ereignissen. Knapp drei Wochen nach der

Amtseinführung landeten die ersten Menschen auf dem Mond. Die Studentenproteste, die seit 1968 die öffentliche Meinung beschäftigten, waren auch erstmalig im Ruhrgebiet Thema, da die erste Universität im Pott (Bochum) ihren Betrieb aufgenommen hatte und die Studenten sich auf die Schienen der Bogestra setzten, um gegen eine Fahrpreiserhöhung zu protestieren. Die Menschen hier betrachteten die „Langhaarigen“ mit einer gewissen Skepsis, und viele meinten, dass die doch erst mal arbeiten sollten, bevor sie Randale machten.

Angeheizt wurde die Diskussion durch Baader-Meinhof und Co., die RAF und weitere extreme Gruppierungen, die in den Terrorismus abglitten. Dieser erreichte seinen furchtbaren Höhepunkt, als bei den Olympischen Spielen 1972 in München Palästinenser die israelischen Sportler kidnappten und die Befreiungsaktion misslang, so dass eine Vielzahl von Opfern zu beklagen war. Die Scheichs der arabischen Halbinsel bescherten uns durch die Verknappung der Ölförderung im November und Dezember 1973 vier autofreie Sonntage, so dass man auf der A 40 Rollschuh laufen konnte.

Für das Ruhrrevier mehrten sich die ersten Anzeichen des großen Umbruchs. Die heraufziehende Kohlenkrise führte zu ersten Zechenschließungen. Die Adam Opel AG baute in Bochum die Automobilproduktion auf, und das Revier möbelte seine Bildungslandschaft mit der Gründung und dem Betrieb neuer Universitäten in Bochum, Dortmund und schließlich Essen, Hagen und Duisburg auf. Die Region fing an, sich grundlegend zu verändern, und man konnte dies jetzt sogar auch in Farbe am Fernseher verfolgen.

Der Bundespräsident war insofern für die Bürger omnipräsent, als sein Konterfei die Dauermarkenserie der

Deutschen Bundespost schmückte. Diese Ehre war vordem nur dem ersten Präsidenten der Republik, Theodor Heuss, zuteil geworden. Für Gustav Heinemanns Nachfolger Walter Scheel hatte man lediglich eine Sondermarke übrig (40 Pfennig), die anlässlich seiner zweiten Amtszeit herausgegeben wurde. Alle weiteren Amtsnachfolger haben es bis auf den heutigen Tag nicht mehr auf die Briefmarken der Post geschafft, so dass das Bild des ersten „Bürger"-Präsidenten der Republik, des Antimilitaristen und überzeugten Christen in Erinnerung blieb.

Dietrich Oppenberg
Mann der ersten Stunde

Die Ereignisse des Zweiten Weltkrieges, Bombenangriffe und das Kriegsgeschehen hatten das Ruhrgebiet in eine Trümmerlandschaft verwandelt. Die katastrophale Versorgung mit Lebensmitteln, der fehlende Wohnraum und eine nach Kriegsende zunächst unter Britischer Besatzung nur bedingt funktionierende Verwaltung machten das tägliche Leben zu einem Überlebenskampf, der späterhin gleichsam abmildernd als die „schlechte Zeit" bezeichnet wurde. Der Schwarzmarkt blühte und sorgte für eine entsprechende Inflation, die Menschen des Ruhrgebietes gingen „hamstern", fuhren in die umliegenden ländlichen Gebiete, um die ihnen verbliebenen Wertgegenstände gegen Lebensmittel einzutauschen. Genau in diese lausigen Zeiten hinein gründete Dietrich Oppenberg mit Genehmigung der britischen Militäradministration eine Zeitung für das Ruhrgebiet, die Neue Ruhr Zeitung (NRZ), die im Sommer 1946 erstmalig erschien.

Geboren 1917, absolvierte er nach der mittleren Reife eine Lehre. Während seiner Tätigkeit als Anwaltsgehilfe trat er einer linken Jugendorganisation bei, die den Nazis ein Dorn im Auge war und dem jungen Mann wegen Vorbereitung zum „Hochverrat" zwei Jahre und neun Monate Zuchthaus einbrachte. Nach Abbüßung seiner Haftstrafe stand Oppenberg weiterhin unter Beobachtung der Gestapo und verdiente seine Brötchen mit verschiedenen Tätigkeiten bei der Rheinisch-Westfälischen Zeitung. Die dort erworbenen Kenntnisse und Fähigkeiten versetzten ihn in die Lage, nach dem Kriege die NRZ zu gründen und zum Erfolg zu führen.

Die neu gegründete Zeitung wurde von den Menschen trotz ihrer schwierigen Lage als einziges Informationsmittel für den regionalen Bereich (bis zur Gründung der WAZ nach der Währungsreform 1948 und neben dem Radio) umgehend angenommen. Sie vermittelte wichtige Informationen der britischen Besatzer, der langsam wieder anlaufenden Verwaltung und wurde häufig zur Platzierung von Suchanzeigen genutzt, mit denen man durch die Kriegswirren vermisste Personen zu finden hoffte.

Daneben war die Zeitung – nachdem man sie gelesen hatte – ein begehrtes Hilfsmittel für das tägliche Leben: ohne die das Anfeuern der „Mutterklötzchen“ im heimischen Herd nur schlecht gelang; für alle Marktfrauen, die darin das Gemüse einwickelten, was insofern notwendig war, als man bis zur Erfindung der Plastiktüte ein Einkaufsnetz, einen grobmaschig gewirkten Beutel, nutzte, durch dessen Maschen ansonsten die Waren gerutscht wären; in gleicher Weise für die Verpackung von Heringen; für nass gewordene Schuhe, um sie auszustopfen; zwecks Reinigung des Küppersbusch-Herdes, der zunächst mit einer bräunlich-roten Masse eingerieben und anschließend mit Zeitungspapier blankgeputzt wurde. Außerdem diente die Zeitung der Hausfrau beim Fensterputzen, um streifenfreie Durchsicht zu erreichen. Und zu guter Letzt wurde sie in vielfacher Ermangelung von Toilettenpapier als Ersatz für solches genutzt. Kindern diente sie als Bastelbogen, aus dem Schiffchen, Körbchen und Ähnliches gefaltet wurden. Selbst zum „Luftvogel“-Bau (heute sagt man Drachen) musste eine alte Zeitung herhalten, wenn es zu Transparentpapier nicht langte. Diese wurde dann mit Mehlbrei um die Tapetenleisten und Schnüre geklebt.

Die regionale Zeitung erlebte einen steten Aufschwung, bis zu Anfang der 1950er Jahre mit der Bildzeitung ein

Groschenblatt (sie kostete wirklich jahrelang 10 Pfennig, und als der Preis auf 15 Pfennig stieg, forderte man von Seiten des Springer-Verlages ganz ernsthaft die Einführung eines 15-Pfennig-Stückes) aufkam, das vor den Werkstoren angeboten wurde und im Grunde nur Schlagzeilen, Bilder und kurzen Text beinhaltete, so dass man in der Frühstückspause diese „Zeitung" durchlesen konnte.

NRZ und WAZ blieben allerdings die vorherrschenden Medien aufgrund ihres umfassenderen Informationsgehaltes und insbesondere ihrer Regionalteile. Man erfuhr, was sich in der Stadt tat, wer gestorben war und wie die örtlichen Sportvereine abgeschnitten hatten.

Dietrich Oppenberg als Verleger und Herausgeber der NRZ machte in der regionalen wie überregionalen Presselandschaft Karriere, bis er 1975 seine Zeitung an die WAZ veräußerte. In den folgenden Jahren wurde die Situation für die traditionellen Blätter immer schwieriger, als die kostenlos ins Haus gebrachten Anzeigenblätter als Konkurrenz erwuchsen und viele Inserenten, die lediglich an lokaler Verbreitung interessiert waren, abwarben. Mit Internet, Handy und Co. gingen die Auflagen der Zeitungen weiter zurück, die man seither durchaus auch online und aktueller lesen kann. Als Verpackungsmaterial und Reinigungshilfe braucht man sie nicht mehr, und jeder würde es als Zumutung auffassen, eine solche auf der Toilette zu finden. Die Götterdämmerung der auf Papier gedruckten Zeitungen ist bereits angebrochen.

Dietrich Oppenberg gebührt das Verdienst, in schweren Zeiten mit der Herausgabe einer Zeitung ein bisschen Normalität suggeriert und vor allem die Hoffnung auf bessere Zeiten geweckt und am Leben gehalten zu haben.

Otto Burrmeister
Kunst für Kohle. Ein Wintermärchen

Otto Burrmeister, Sohn eines Hafenarbeiters in Hamburg, war es nicht in die Wiege gelegt worden, in ferner Zukunft einmal „Vater der Recklinghäuser Ruhrfestspiele“ genannt zu werden. Nach der Volksschule absolvierte er eine kaufmännische Lehre, engagierte sich gewerkschaftlich und war schließlich im Laufe der Weltwirtschaftskrise der beginnenden 1930er Jahre lange arbeitslos. Er blieb jedoch gewerkschaftlich tätig und nutzte die Zeit, sich autodidaktisch weiterzubilden.

Nach dem Zweiten Weltkrieg erhielt er eine Anstellung am Schauspielhaus in Hamburg als „Leiter des Verwaltungsbüros“ (es kursiert die Annahme, er sei Bühnenarbeiter gewesen). Als dann dem Schauspielhaus im überaus kalten Winter 1946/47 das Heizmaterial ausging, reifte der Plan, Kohlen in Eigenregie aus dem Ruhrgebiet zu holen. Ziel sollten nach Vorschlag von Schauspieler Will Quadflieg dessen Oberhausener Verwandten sein, die Verbindung zum Bergbau haben sollten. Auf dem Weg sah man die Fördertürme der Zeche König Ludwig in Suderwich (Recklinghausen) und versuchte dort sein Glück. Dem mitgereisten Burrmeister gelang es in Gesprächen mit den Kumpeln, die gewünschte Kohle an der britischen Besatzungsmacht vorbei (nach anderen Erzählungen hat diese weggesehen, nach einer weiteren Version mit Duldung der Briten) nach Hamburg zu bringen und dort den Spielbetrieb aufrechtzuerhalten.

Gleichsam als Gegenleistung wurden für den nächsten Sommer mehrere Aufführungen des Hamburger Ensembles im Saalbau der Stadt Recklinghausen zugesagt. Die

Stadt besaß, anders als viele Ruhrgebietsstädte, kein eigenes Theater. In der Tat fand der Tausch „Kunst gegen Kohle" statt, und der mitgereiste Hamburger Oberbürgermeister Brauer regte an, dieses zu einer dauerhaften Einrichtung werden zu lassen. Burrmeister begeisterte in Folge den DGB-Vorsitzenden der britischen Zone, Hans Böckler, für das Projekt „Festspiele nicht nur in Salzburg, sondern auch in Recklinghausen". Daher erhielt Burrmeister eine Referentenstelle beim DGB; dieser verpflichtete sich außerdem, sich an der Finanzierung der Festspiele zu beteiligen. Als selbsternannter Leiter der Festspiele rührte der „Löwe von Recklinghausen", wie ihn Hans Dieter Baroth in Anspielung auf dessen wüste Haarpracht bezeichnete, erfolgreich die Werbetrommel, und es gelang, nicht nur die arbeitenden Menschen an Ruhr und Emscher, sondern auch die Politik bis hin zum Bundespräsidenten Heuss für die Idee einzunehmen.

Einen erster Höhepunkt setzten die Festspiele 1950, als in der Zeit vom 21. Juni bis zum 18. Juli sieben Opern- und Schauspielaufführungen die Zuschauer begeisterten. Der aufgrund seiner Auftritte in Nazi-Filmen umstrittene Werner Krauß trat erstmals nach dem Kriege in Deutschland auf und spielte in Recklinghausen in Shakespeares „König Lear", und der berühmte Gustav Gründgens, seit 1947 Generalintendant in Düsseldorf, brillierte in Kafkas „Der Prozeß" in der Hauptrolle des Bankers Joseph K.

Es war trotzdem verschiedentlich Kritik am Spielplan aufgekommen, der bis dato überwiegend „Klassiker" wie „Iphigenie auf Tauris", „Nathan der Weise" und „Don Carlos" geboten hatte, die man für die nicht bildungsnahe Zielgruppe der Arbeiter und Kumpel als zu schwer ansah und durch die sie deshalb nicht angesprochen würden. Dem widersprach auf der feierlichen Eröffnung 1950 der als Festredner ausersehene Bergmann schlagfertig mit dem Argument, dass diejenigen, die schwer arbeiten müssten, auch schwerer Kulturkost gewachsen seien.

In den folgenden anderthalb Jahrzehnten blieb Otto Burrmeister der Spiritus Rector der Festspiele, deren Alleinstellungsmerkmal sie über die Landesgrenzen hinaus bekannt und berühmt machten.

Der bereits Mitte der 1950er Jahre ins Auge gefasste Plan der Errichtung eines separaten Festspielhauses konnte ein Jahrfünft später ins Werk gesetzt werden. Im Rahmen der 19. Festspiele wurde der Neubau im Jahre 1965 eingeweiht mit Aufführungen von Schillers „Räuber" und Brechts „Mutter Courage". „Die Zeit" formulierte dies so: „Das Festspielhaus ist die Krönung von Burrmeisters Lebenswerk", und die Stadt Recklinghausen nannte sich nunmehr stolz „Stadt der Ruhrfestspiele".

Einen Wermutstropfen gab es allerdings in all der Festfreude. Im Jahr der Eröffnung des Neubaus wurde die Zeche König Ludwig stillgelegt, deren Kohlelieferung in schlechter Zeit den Anlass zu den Festspielen gegeben hatte. Zuvor hatte sie noch einen mächtigen Steinkohleblock gefördert, der das Festspielhaus ziert.

Die Vollendung des Festspielhauses läutete dann auch das Ende des Wirkens des Protagonisten der Ruhrfestspiele ein, nicht weil er des Engagements müde war, sondern da er die Altersgrenze seines Arbeitslebens erreicht hatte. Höchst missmutig und wohl auch unfreiwillig räumte er den Posten, den er in vielen Jahren mit seiner ganzen Lebenskraft erfolgreich ausgefüllt hatte, und zog sich aufs Altenteil zurück. Knapp ein Vierteljahr später verstarb er.

Otto Burrmeisters Lebenswerk, die Ruhrfestspiele, die „Kulturgut dem werktätigen Volke an der Ruhr vermitteln" sollten, entwickelte sich und hat weiter Bestand bis auf den heutigen Tag. Zum 50. Jubiläum gab es gar einen Film über die Anfänge mit dem Titel „Kohlen für Don Carlos. Der Kohlenklau, der Kulturgeschichte machte"; er wurde am 27. April 1996 in 3sat ausgestrahlt.

Über einen späten Nachruf von Hans Dieter Baroth hinaus (Der Löwe von Recklinghausen, in: Gewerkschaftliche Monatshefte 47, 1996, S. 210–222), der Jahrzehnte zuvor einmal als Pressesprecher der Ruhrfestspiele fungiert hatte, ist nur wenig über den Mann erhalten, der um seine Biografie zeit seines Lebens wenig Aufhebens machte. In Recklinghausen erinnern ein Straßenname neben dem zu Stein gewordenen Monument des Festspielhauses und die Otto-Burrmeister-Realschule an den, den man als „Vater der Ruhrfestspiele" bezeichnet.

Karl Ziegler
Zauberberg der Chemie

Die Nachkriegsgeneration hat im Wesentlichen in ihrer Kindheit nur zwei künstliche, so nicht in der Natur vorkommende Stoffe gekannt: Bakelit und Zelluloid. Beide waren bereits im 19. Jahrhundert von dem Belgier Leo Hendrik Baekeland und dem Amerikaner Alexander Parkes entwickelt worden, wurden aber erst, nachdem man große Mengen von ihnen herstellen konnte, im 20. Jahrhundert durchgängig verwendet.

Bakelit, dessen Ausgangsmaterial ein Derivat der Teerverarbeitung war und das seit Ende der 1920er Jahre unter anderem bei der Firma Rütgers in Duisburg produziert wurde, fand allgemeine Verwendung im Alltagsleben. So wurden aus diesem widerstandsfähigen Kunststoff Steckdosen, Lichtschalter, Pfannenstiele und weitere Haushaltsgeräte hergestellt; auch Volksempfänger, die den Zweiten Weltkrieg überlebt hatten, besaßen ein Bakelit-Gehäuse. Die Älteren werden sich noch lebhaft an das schwarze Bakelit-Telefon der Bundespost mit Wählscheibe erinnern, bei dem man den Hörer noch auf die Gabel „auflegen" musste. In der Autotechnik wurden Verteilerkappen und und Zündkerzenstecker aus diesem Material gefertigt.

Zelluloid erlebte seit der Wende zum 20. Jahrhundert zunächst einen Verwendungsboom als Trägermaterial für die aufstrebende Fotographie und den Film. Der zum überwiegenden Teil aus explosionsfähiger Schießbaumwolle hergestellte Kunststoff wurde eingefärbt zu Alltagsgegenständen verarbeitet, zu Messergriffen, Kämmen, Brillengestellen usw. Aus diesem elastischen Material gefertigt wurden auch Tischtennisbälle und Kinderspielzeuge. Das herausragende Produkt für die Mädchen dieser Zeit war die Puppe aus Zelluloid, die von der Firma Schildkröt (erkennbar an der Raute mit der Schildkröte auf dem Rücken) hergestellt wurde. So sie – nach diversen Reparaturen beim „Puppendoktor“ – die Kinderzeiten überstand, findet sie sich noch heute als Erinnerungsstück, zerbrechlicher als Christbaumkugeln, da das Material im Laufe der Zeit ausgehärtet ist.

Das eigentliche Tor zu unserem „Plastikzeitalter“ ist jedoch erst nach dem Zweiten Weltkrieg durch Karl Ziegler aufgestoßen worden. Dieser hatte nach dem Abitur und dem Studium der Chemie zunächst eine Hochschulkarriere eingeschlagen. Nach nur acht Semestern in Marburg promoviert und drei Jahre später habilitiert, stockte seine Karriere zunächst, so dass er lediglich im Jahre 1926 Dozent an der Universität Heidelberg wurde; eine Professur blieb ihm zunächst versagt, nicht zuletzt nach der sogenannten „Machtübernahme“ durch die Nazis, unter denen er als unsicherer Kantonist galt. Nach einer gewissen Arrangierung erhielt er eine Professur in Halle.

1943 übernahm Ziegler die Direktion des „Kaiser-Wilhelm-Instituts für Kohleforschung“ (nach dem Kriege das „Max-Planck-Institut“) in der Nachfolge Franz Fischers (der zusammen mit Hans Tropsch die Herstellung von Kraftstoff aus Kohle erfunden hatte) und wandte sich hier der Chemie des Kohlenstoffs zu, nachdem er sich zuvor Verdienste in der Entwicklung des synthetischen Kautschuks (Buna) erworben hatte, aus dem heute die Autoreifen hergestellt werden. Weiterhin veränderte er die Autokraftstoffe, indem er diesen Bleiverbindungen hinzufügte, welche die Klopffestigkeit verbesserten (damals verbleites Benzin, eine große Errungenschaft; heute schon wieder Geschichte, Horror jedweden Umweltschützers).

1952 gelang Ziegler die große Entdeckung eines Katalysators, mit dessen Hilfe Kohlenstoffverbindungen mit weitaus geringerem technischen Aufwand zu Kunststoffen umgewandelt werden konnten. Davor war dies nur unter Anwendung von hohen Drücken und Temperaturen möglich gewesen. Mit Hilfe von Titanverbindungen als Katalysatoren konnte der Kunstoff „Polyethylen" jetzt kostengünstig und in großen Mengen hergestellt und universell eingesetzt werden.

Bis zum heutigen Tag ist Polyethylen der meistproduzierte Kunststoff mit vielen Millionen Tonnen pro Jahr; er hat alle Anwendungsbereiche des täglichen Lebens erobert, vom Schutzhelm über das Wasserrohr bis hin zu den Plastiktüten im Supermarkt.

Zunächst musste der Erfinder um die Ergebnisse seiner Forschungen fürchten. Der Italiener Giulio Natta hatte wenig später ein ähnliches Verfahren in Italien entwickelt. Um die Patentrechte kam es zu einem juristischen Streit, der vornehmlich in den USA geführt wurde und mehr als ein Jahrzehnt andauerte. Obwohl Ziegler sich vor Gericht durchsetzen konnte, wurde schiedlich-friedlich eine Übereinkunft getroffen, und man nannte zukünftig die Herstellungsart das „Ziegler-Natta-Verfahren". Als deutlich wurde, dass diese Art von Plastik, hergestellt aus Kohlenstoff, unsere Welt veränderte, erkannte das Nobelkomitee im Jahre 1963 beiden Forschern zu gleichen Teilen den Nobelpreis für Chemie zu.

Karl Ziegler bleibt einer der wenigen Nobelpreisträger, die im Ruhrgebiet gelebt und gearbeitet haben. Und er verfügte darüber hinaus über die seltene Begabung, neben seinen wissenschaftlichen Fähigkeiten auch ein gesundes Verhältnis zur wirtschaftlichen Wertschöpfung aus seiner Forschungsarbeit zu besitzen. So versetzten ihn die nicht unerheblichen Einnahmen aus den Patentrechten sowohl in die Lage, sich privat eine exzellente Gemäldesammlung zuzulegen, als auch – anlässlich seines 70. Geburtstages – einen 40 Millionen DM umfassenden Fonds einzurichten zugunsten seines Forschungsinstitutes, indem er für 16 Jahre auf die Einnahmen aus seinen Patentrechten verzichtete. Die Sammlung vornehmlich expressionistischer Gemälde (Paul Klee, Käthe Kollwitz, Oskar Kokoschka, Franz Marc, Emil Nolde, Lyonel Feininger, August Macke) vermachte Ziegler der Stadt Mülheim.

Als er 1973 starb, hatte er die Welt verändert, er hatte aus dem Berg von Kohlen(stoff) den Zauberberg (Thomas Mann übe Nachsicht!) des Plastiks erschaffen.

Toni Turek
Wunder von Bern aus der Blutwurstkolonie

Immer noch erinnern sich mit riesengroßer Begeisterung die heute über 70-Jährigen an das Gewusel von Menschen, die sich in engen Zimmern um den Radioapparat drängten und der engagierten Stimme Herbert Zimmermanns lauschten, der die Ereignisse des Endspiels um die Fußball-Weltmeisterschaft 1954 in Bern zwischen Ungarn und Deutschland schilderte.

Man hatte gerade den Volksempfänger, der die Bombennächte des Zweiten Weltkrieges überstanden hatte, durch einen eleganten Holzkasten mit beleuchteter Senderskala, mit UKW (die Bakelit-Kiste besaß nur Mittel- und Langewelle) und einem grünen „magischen Auge" ersetzt und damit einen ersten „Luxusartikel" erworben.

Überwiegend Männer saßen hier mit einer Flasche Bier, welche die „Blagen" von der „Bude" um die Ecke geholt hatten (hierfür gab es 5 Pfennig Belohnung, die sofort in Brausetütchen oder Knöterich umgesetzt wurden).

Die gespannte Erwartung wurde allerdings schon sehr bald enttäuscht, als die späteren „Helden von Bern" durch einen Torwartfehler mit 1:0 gegen die hoch favorisierten Ungarn zurücklagen. Herberger hatte den damals bereits 31-jährigen Toni Turek zwischen die Pfosten gestellt, nachdem man in der Vorrunde mit Kwiatkowski im Tor gegen die Ungarn mit 8:3 eine Packung bekommen hatte.

Nur zwei Minuten später hieß es gar 2:0 für die Ungarn; die Stimmung war im Keller, und man mutmaßte eine ähnliche Klatsche wie im Vorrundenspiel. Doch bereits zehn Minuten später hieß es durch Tore von Morlock und Rahn unentschieden 2:2.

In der 2. Halbzeit berannten die Ungarn das deutsche Tor, trafen Pfosten und Latte, und Toni Turek hielt alles, was die Ungarn ihm auf die Kiste knallten. Eine Superparade kommentierte der wortgewaltige Herbert Zimmermann mit den Worten: „Toni, du bist ein Fußballgott!" Dieser Ausspruch hat ihm – anders als der heute noch überaus berühmte Satz: „… aus dem Hintergrund müßte Rahn schießen …" in der 84. Minute – viel Kritik und Ärger eingebracht und ist sogar aus der Aufzeichnung der Reportage später gelöscht worden.

Der auf diese Weise in den „Fußballhimmel" Gelobte war ein originäres Kind des Ruhrgebietes – zwar nicht aus Gelsenkirchen, Dortmund oder Essen, sondern er war in der Blutwurstkolonie in Wanheimerort (einem Arbeiterviertel im Duisburger Süden) großgeworden.

Geboren ein paar hundert Meter entfernt „Im Schlenk", zog die Familie in die Ende der 1920er Jahre gebaute Siedlung, die für sozial schwache, kinderreiche Familien in Einfachstbauweise errichtet worden war. Jedes unmittelbar an der Straße stehende Reihenhäuschen umfasste jeweils zwei Wohnungen mit ca. 35 Quadratmetern, Toilette auf halber Treppe und einem Gartenstück. Offiziell wurde sie als Dickelsbachsiedlung bezeichnet, bei den Wanheimerortern hieß sie nur Blutwurstkolonie, nicht wegen der roten Backsteine, aus denen sie gebaut war, sondern weil deren Bewohner sich nur billige Blutwurst als Brotbelag leisten konnten.

Innerhalb der Siedlung entwickelte nach und nach ein gewisses Gemeinschaftsgefühl, das sich auch daraus herleitete, dass sie zwei Berühmtheiten hervorgebracht hat: Rudolf Schock und Toni Turek. Dieser hatte in der Jugend (übrigens zusammen mit dem zwei Jahre jüngeren Nachbarsjungen Adi Preißler) das Fußballspielen beim

SC 1900 erlernt, dessen Platz wenige hundert Meter von der Siedlung im Schatten des Wedau-Stadions (heute die Spielstätte des MSV Duisburg) lag.

Nach einer Bäckerlehre spielte Turek für verschiedene Duisburger Vereine und fand überregional Beachtung. Die besten Jahre seines Fußballerlebens wurden ihm allerdings als Soldat im Zweiten Weltkrieg genommen.

In der „schlechten Zeit" nach dem Kriege spielte er zunächst wieder in Duisburg, dann in Frankfurt und Ulm. Seine Brötchen verdiente er dabei als Turn- und Sportlehrer im Gefängnis und mit einer Toto-Annahmestelle. 1950 wechselte er schließlich zu Fortuna Düsseldorf, wo man ihn mit einer Stelle in der Verwaltung der Rheinbahn AG versorgte, die er bis zu seiner Verrentung innehatte. Als Stammtorhüter der Fortuna wurde er auch verschiedentlich von Sepp Herberger in die Nationalelf berufen und absolvierte einige Länderspiele.

Dass er als Torwart Nr. 1 zur Weltmeisterschaft in die Schweiz fuhr, war wohl eher der Tatsache zu verdanken, dass der Favorit des Bundestrainers, Fritz Herkenrath, sich zu der Zeit mit der Mannschaft von Rot-Weiß Essen auf einer neun Wochen dauernden Südamerika-Reise befand (damals flog man mit dem Propellerflugzeug der PanAm mit Zwischenlandungen in Westafrika über den großen Teich nach Südamerika). Der vorgeblich beste deutsche Torwart, Bert Trautmann, kam für Herberger auch nicht in Frage, da dieser nach seiner Kriegsgefangenschaft in England geblieben war und für Manchester City spielte.

So stand also der Mann aus der Blutwurstkolonie in der entscheidenden Partie der Weltmeisterschaft im Tor, brachte die ungarischen Stürmer mit seinen unglaublichen Paraden zur Verzweiflung und war sicherlich nicht unmaßgeblich daran beteiligt, dass es beim knappen Sieg durch Rahns Tor (dieser hatte die Südamerika-Reise abgebrochen und war von Bolivien nach Hause geflogen, um an der WM teilnehmen zu können) blieb und er schließlich als „Teufelskerl" und „Fußballgott" gefeiert wurde.

An die Leistungen bei der WM konnte er in den folgenden Jahren nicht mehr anknüpfen. Er spielte weiterhin bei der Fortuna und versuchte sich in Folge noch bei anderen Vereinen. Seine Brötchen verdiente er aber weiterhin bei der Rheinbahn als Abteilungsleiter der Registratur.

Das Andenken Toni Turecks wird gepflegt bei Fortuna Düsseldorf, wo ihm 2014 vor dem Stadion ein Denkmal gesetzt wurde; in Duisburg dagegen reichte es nur zu einer Gedenktafel, die am alten Platz von 48/99 aufgestellt wurde. In der Dickelsbachsiedlung, mittlerweile denkmalgeschützt und aufwändig modernisiert, erinnert nichts mehr an den Torwarthelden, auf den man dort einst so stolz war.

Luise Albertz
Mutter Courage des Ruhrgebietes

Luise Albertz war die erste und für lange Zeit die einzige Oberbürgermeisterin einer industriellen Großstadt und in ihrer ersten Amtszeit von 1946 bis 1948 die einzige in diesem Amt im Bereich der späteren Bundesrepublik.

Zeit ihres Lebens mit der Stadt Oberhausen verbunden, hat sie deren Entwicklung in zweieinhalb Jahrzehnten entscheidend mitgeprägt und in der großen Politik in den Nachkriegsjahren als Landtagsabgeordnete (1947–50) sowie als Bundestagsabgeordnete (1949–69) bis zum Ende der 1960er Jahre kräftig mitgemischt.

Sie bezeichnete sich selbst als „Kind der Arbeiterstadt Oberhausen“ und war seit ihrer Jugend der Sozialdemokratie verbunden. Aufgrund ihrer politischen Überzeugung wurde sie von den Nationalsozialisten zunächst aus dem Dienst der Stadt Oberhausen entfernt, während des Krieges aber wieder dort dienstverpflichtet und schließlich nach Kriegsende Sekretärin des Oberbürgermeisters.

Nach den ersten Kommunalwahlen wählte man sie 1946 zur Oberbürgermeisterin, die vor einer Mammutaufgabe stand. Die Städte des Ruhrgebietes waren großflächig zerstört, die Infrastruktur nachhaltig unterbrochen und die Lebensmittelversorgung absolut unzureichend. Hinzu kam die Bewältigung des Flüchtlingsstroms, der aus den Ostgebieten sich vielfach im Ruhrgebiet sammelte. Dass der Winter von 1946/47 ein ungewöhnlich kalter und langer war, in dem die Frostperiode von Anfang Dezember bis Mitte März dauerte, hat die Notsituation noch verschärft. Die Presse zweifelte öffentlich daran, dass eine Frau einer solchen Aufgabe gewachsen wäre.

In den wenigen Jahren ihrer ersten Amtszeit ging man daran, Produktion und die Kohleförderung wieder anlaufen zu lassen, die Trümmer wegzuräumen, die Brücken über Kanal und Emscher wiederherzustellen und durch eine rigide Wohnraumbewirtschaftung allen ein Dach über dem Kopf zu geben. Der Wiederaufbau begann, und mit der Währungsreform 1948 besserte sich die Versorgungssituation merklich. Als Luise Albertz nach zweijähriger Tätigkeit durch die Koalitionsbildung von Zentrum und CDU abgelöst wurde, hatte sie gezeigt, dass auch eine Frau in der Lage war, die Aufgaben eines Oberbürgermeisters in solch schwieriger Zeit zu meistern.

Als sie nach dem Wahlsieg der SPD 1956 erneut in dieses Amt gewählt wurde, zweifelte niemand mehr an ihren Fähigkeiten, das Amt erfolgreich zu führen. Die ersten Jahre ihrer zweiten Amtszeit waren geprägt durch das „Wirtschaftswunder“; man konnte sich nun wieder etwas leisten und fuhr mit Gogomobil, Isetta (liebevoll Knutschkugel oder Adventauto genannt), dem Lloyd (Leukoplastbomber) oder gar mit dem VW (und läuft und läuft) zur Arbeit oder gar in den Urlaub ins Sauerland, in die Eifel oder den Westerwald.

In Oberhausen war das Theater wieder aufgebaut, und das Kulturgeschehen blühte auf, nicht zuletzt dank des VHS-Leiters und unter der Oberbürgermeisterin Albertz Kulturdezernenten der Stadt Oberhausen, Hilmar Hoffmann, der unter anderem auch die Kurzfilmtage etablierte. Unter der Ägide der rührigen Oberbürgermeisterin wurde eine der ersten Gesamtschulen (1969) eingerichtet, die in diesen Tagen bereits ein halbes Jahrhundert auf dem Buckel hat. Aber bereits Anfang der 1960er Jahre hatte sich der Konjunkturhimmel über dem Revier durch die erste Kohlenkrise bewölkt. Die Konkurrenz des Öls und der Importkohle ließ den Motor des Aufschwungs stottern, die Politik sprach von „gesundschrumpfen".

Das Ende der Kohle in Oberhausen und damit das Ende der Prosperität der Industriestadt Oberhausen leitete der Beschluss der Stilllegung der Zeche Concordia ein, gegen den Oberbürgermeisterin Luise Albertz an der Spitze von rund 4000 Kumpeln protestierte. Der Protest blieb bei den Entscheidern ungehört. Dem Ende von Concordia folgte alsbald das der Zeche Alstaden, die vornehmlich Kohle für die heimischen Öfen gefördert hatte. Man hatte zwischenzeitlich zum billigeren und bequemeren Ölofen gewechselt oder auch zu Nachtstromspeichern, so dass die berühmten Eierkohlen dieser Zeche nicht mehr hinreichenden Absatz fanden.

Der Kampf der „Mutter Courage" gegen den Niedergang – zunächst der Zechen und wenige Jahre später auch der Eisenindustrie – ihrer Stadt war, wie in Brechts Drama, letztendlich vergeblich. Die Industriegelände wurden abgeräumt, auf den Brachen entstanden Einkaufszentren, Wohnsiedlungen oder sie blieben unbebaut. Oberhausen brachen die Einnahmen weg, und es wurde durch den Strukturwandel – wie auch andere Städte des Ruhrgebietes – zu einem Armenhaus der Republik.

Als Luise Albertz 1979 gleichsam noch in den Stiefeln ihres Amtes starb, hatte sie nach einem Vierteljahrhundert Amtsführung der Welt gezeigt, dass auch eine Frau in der Lage ist, politisch tatkräftig, erfolgreich und nachhaltig zu agieren. Dass die Zeitläufe und der heraufziehende Strukturwandel gegen sie waren, verbindet sie mit dem Schicksal ihrer Spitznamensgeberin, der Mutter Courage.

Die Wertschätzung, die sie nicht nur in Oberhausen, sondern republikweit genoss, fasste Ministerpräsident Rau in dem Satz zusammen: „Ihr Name ist aus der Nachkriegsgeschichte der Bundesrepublik und dem Wiederaufbau des Landes Nordrhein-Westfalen nicht wegzudenken." In der Stadt Oberhausen ist die Erinnerung an ihr Wirken noch durchaus lebendig, nicht nur weil die während ihrer Amtszeit erbaute und fertiggestellte Stadthalle posthum nach ihr benannt wurde. Sie hatte als erste und einzige Frau im Amte des Oberbürgermeisters dieser Stadt in der Nachkriegszeit den Stempel ihres Wirkens aufgedrückt.

Leo III. und Johannes Paul II.
Päpste im Pott

Päpste, die kommen eher selten in unsere Gegend. Lange hatten sie kein Interesse an uns, weil hier nur Heiden wohnten; dann hatten sie genug mit den Westgoten, Ostgoten und selbst den Vandalen und den Langobarden zu tun, darüber hinaus mit den Hunnen, die den Bischöfen von Rom das Leben schwermachten. Später, da blieben sie überwiegend in ihrem eigenen Herrschaftsbereich hocken und erwarteten, dass man zu ihnen kam, um sich die Kaiserkrone abzuholen. Sie hatten das Vorrecht, den (west-)römischen Kaiser zu krönen – eine Ausnahme war lediglich Napoleon, der den Papst nach Frankreich zitierte und sich die Kaiserkrone selbst aufstülpte. Insgesamt gesehen blieben sie in der Neuzeit wenig reiselustig. Das mag auch daran gelegen haben, dass Gott für seine Stellvertreter auf Erden eine Vorliebe für Italiener hatte, denn die stellten in der genannten Zeit die Päpste.

Trotzdem und dennoch können wir mit Stolz auf zwei Papstbesuche zurückblicken, die zwar knapp 1200 Jahre auseinanderliegen, aber immerhin:

Der erste Papst kam wohl nicht ganz freiwillig, sondern weil sein Reiseziel, Karl der Große, sich gerade auf einem der vielen Kriegszüge gegen die Sachsen in Paderborn befand. Leo III. hatte gewaltigen Ärger mit seinen römischen Schäfchen, reiste den Rhein hinunter und dann über den Hellweg durchs Revier, um den fränkischen Herrscher um Hilfe zu bitten. Auf dem Weg machte er Halt auf der Hohensyburg, wo er eine Kirche geweiht und mit Reliquien der heiligen Barbara ausgestattet haben soll. Zumindest erzählte man es sich so, was die Barbarareliquie anging, bis der erste protestantische Pfarrer dieser Kirche im 16. Jahrhundert diese zur weiteren Verwendung kurzerhand an die Kölner Kirche schickte. Leo III. fand bei König Karl ein offenes Ohr für seine Beschwerde und kehrte unter fränkischem Schutz auf dem gleichen Weg zurück nach Rom. Karl hatte Interesse an der Einflussnahme in Italien – schließlich war er ja seit geraumer Zeit auch König der Langobarden – und zog im Folgejahr nach Rom, um die Dinge höchstselbst zu regeln, mit der berühmten Folge, dass dieser Papst ihn am Weihnachtstage des Jahres 800 ebendort zum Kaiser krönte.

Danach mussten wir im Revier gut ein Jahrtausend warten, bis wieder ein Stellvertreter Christi auf Erden seine Füße auf den Boden des Reviers stellte.

Der große Tag war gekommen, als sich der Himmel nach Jahrhunderten für einen Nicht-Italiener und zum ersten Mal in der Geschichte für einen Polen entschied. Dieser unternahm im Laufe der Zeit viele Pastoralreisen rund um die Welt mit einem modernen Reisemittel, dem Flugzeug, so dass man ihn hier despektierlich, aber doch mit einer gewissen Hochachtung „polnische Flugente" nannte. Selbst in Damaskus im heutigen Syrien ist er gewesen, um in der Umayaden-Moschee am Grabe Johannes' des Täufers zu beten. Und dann kam er nach Deutschland mit dem dezidiert geäußerten Wunsch, auch das Ruhrgebiet und das Bistum Essen zu besuchen.

Am 2. Mai 1987 war es dann so weit. Der Papst fuhr mit seinem Papamobil vom Grugastadion ein Stück durch Essen und zelebrierte im Parkstadion in Gelsenkirchen mit 80 000 Gläubigen eine Messe. Bei der Gelegenheit wurde ihm die Ehrenmitgliedschaft beim FC Schalke 04 angedient, die er auch annahm, und schließlich wollte er den schon krisengeschüttelten Bergbau kennenlernen und zu den Kumpeln sprechen. Die Wahl fiel aus Sicherheitsgründen auf die Zeche Haniel, die abseits urbaner Bebauung im Schutz der gleichnamigen Halde lag.

Der Papst kam nach Bottrop in den Fuhlenbrock. Die gesamte Umgebung wurde großräumig abgesperrt, die Kanaldeckel innerhalb der Absperrung wurden zugeschweißt und mit einem weißen Farbkreuz versehen. Dann mussten noch alle Anwohner die Mülleimer wegsperren, und selbst die hohen Herren, die zu diesem Ereignis in ihren schwarzen Limousinen anreisten, mussten ihre Karossen verlassen und die letzten paar hundert Meter zu Fuß zurücklegen. Die Berglehrlinge der Zeche Haniel hatten ein großes Kreuz aus Spurlatten gebaut, das heute als Landmarke die Höhe der Halde ziert. Alles war hermetisch abgeriegelt bis auf den alten Bahngraben mit dem Trampelpfad, der auf die Halde führte. Von dort konnte das Volk auf halber Höhe der Halde das Geschehen auf dem Zechenplatz verfolgen.

Der Hubschrauber mit dem Stellvertreter Christi auf Erden an Bord schwebte in elegantem Bogen ein, und der Papst betrat Bottroper Boden, sprach zu und betete mit den Bergleuten. Bei der Gelegenheit soll der erste Bischof von Essen, Franz Hengsbach (das war der mit dem Stück Kohle im Bischofsring), den Papst auf das Martyrium des Bergmanns Nikolaus Groß aufmerksam gemacht haben. Johannes Paul II. hat diesen waschechten Ruhrgebietler dann am 7.10.2001 seliggesprochen.

Wenn auch nur für einen Tag, aber ein Papst, und jetzt sogar ein Heiliger, hatte das Revier besucht. Als mit Benedikt XVI. gar ein Deutscher/Bayer Papst wurde (die Bildzeitung titelte: „Wir sind Papst!“), besuchte der zwar Deutschland, schaffte es aber nur bis Köln.

Kurt Biedenkopf
Initialzündung einer Karriere im Ruhrgebiet

Der im Januar 1930 geborene Kurt Biedenkopf hatte sich sicher nicht träumen lassen, einmal im Ruhrgebiet seinem Broterwerb nachzugehen. Als Sohn eines leitenden Angestellten eines Industrieunternehmens hatte er nach einem USA-Aufenthalt in Frankfurt Jurisprudenz studiert und war 1958 promoviert worden. Fünf Jahre später erfolgte die Habilitation genau zum richtigen Zeitpunkt, insofern als im fernen Nordrhein-Westfalen man daranging, die erste Universität des Ruhrgebietes personell auszustatten und den Lehrbetrieb aufzunehmen.

Nach Schließung der Duisburger Universität im Jahre 1818 war die Region zwischen Münster und Köln eine hochschulfreie Landschaft. Während des Heraufdämmerns der Krisen von Kohle und Stahl fasste man den Plan, in der Stadt Bochum eine neue Universität zu gründen, die dem Ballungsraum „Ruhrgebiet" neue Bildungschancen eröffnen sollte.

Nach der Fertigstellung zweier Gebäude nahm die Baustelle Ruhr-Universität Bochum den Lehrbetrieb auf, und Biedenkopf wurde 34-jährig im Jahre 1964 als Ordinarius für bürgerliches Recht berufen – wohl mit dem richtigen Parteibuch für die Regierung Meyers und deren Kultusminister Paul Mikat, der wenig später auch einen Lehrstuhl ebendort erhielt. Der ambitionierte Biedenkopf engagierte sich vehement in der Hochschulverwaltung und wurde bereits drei Jahre nach seiner Berufung zum Rektor der RUB gewählt, womit die kleingewachsene Magnifizenz der jüngste Rektor der bundesrepublikanischen Universitäten war.

Im Laufe von Kurt Biedenkopfs Amtszeit schwappten die 68er-Studentenrevolten auch an die neue Universität, die jetzt langhaarigen Studenten muckten auf, sie wandten sich gegen den „Muff von tausend Jahren unter den Talaren". Die organisierte Studentenschaft war dem linken politischen Spektrum verbunden, der RCDS hatte einen schweren Stand, und selbst die RUB-Jusos wurden in einem Flugblatt als „reaktionäre Erzgauner" tituliert. Man veranstaltete durchaus regelmäßig Protestaktionen wie „Sit-ins", „Go-ins" oder bestreikte den Lehrbetrieb.

Als während einer solchen Protestaktion die Eingänge von den Studenten blockiert wurden, kletterten die Unermüdlichen durch ein Fenster ins Gebäude. Eine studentische Aktivistin, die dies aber durchaus verhindern wollte, soll einen gestandenen Theologieprofessor gar an einer empfindlichen Stelle gebissen haben, weil sie sich anders nicht zu helfen wusste. Und der konservative Rektor rief gar die Polizei auf den Campus, als ihm der Weg aus dem Rektorat über den Flur durch eine Ansammlung von Studenten verwehrt war.

Die Berichterstattung der Medien über die Studentenproteste an den großen etablierten Universitäten bewirkte ein Übriges, so dass die neuen Studenten in Bochum besonders kritisch von den Einheimischen beäugt wurden. Diese „Tintenpisser" und „Schreibdoktoren", die keine Ahnung von echter Maloche hatten und gegen die bestehenden Ordnungen aufmuckten, die waren suspekt, möglicherweise auch zu faul zum Arbeiten. Die Studenten waren draußen in Querenburg, das lediglich über eine Art Landstraße mit Buslinie erreichbar war und somit weitab vom Schuss. So solche mal in der Innenstadt untergebracht waren und abends in der Eckkneipe ein Bier tranken (eine Studentenkneipe gab es noch nicht), fielen sie durchaus auf und mussten sich im Laufe des Abends allerlei anhören, zum Beispiel dass es Verschwendung sei, dass ein kräftiger junger Mann nur Bleistifte stemme, der hätte besser einen guten Querschläger (Gesteinshauer, wie der so Gescholtene später feststellte) abgegeben.

Ein Moderator der zu der Zeit beliebten WDR-Radiosendung „Das Mittagsmagazin", Dieter Thoma, eröffnete die um 13 Uhr beginnende Sendung regelmäßig mit „Guten Tag, meine Damen und Herren, guten Morgen, liebe Studenten". Dass diese in der Baustelle der RUB durchaus ernsthaft ihrem Studium nachgingen, verschwamm vor dem Hintergrund der Berichte über „den großen Doppelkopfschein in der Cafeteria" oder dem „Herumgehen der Lambrusco-Flasche" unter den studentischen Vertretern in den Gremiensitzungen.

Nach seinem zweijährigen Rektorat waren dem Herrn Biedenkopf Forschung und Lehre an der neuen Universität weitgehend verleidet, so dass er fortan – nach einem Intermezzo in der Industrie – an seiner politischen Karriere bastelte, zunächst im Landesverband Westfalen-Lippe, danach in NRW. Als Spitzenkandidat seiner Partei konnte er sich Anfang der 1980er Jahre gegen Johannes Rau nicht durchsetzen und musste schließlich Ende des Jahrzehnts den Posten in NRW an Norbert Blüm abgeben. Mit der Wiedervereinigung erhob er sich wie weiland Phönix aus der Asche und wurde Ministerpräsident in Sachsen, ein Amt, das er zwölf Jahre innehatte, und gleichsam als „König Kurt" regierte. Nach der ersten Universität im Ruhrgebiet – dem Ausgangspunkt seiner Karriere – hat sich Kurt Biedenkopf sicherlich nicht zurückgesehnt.

Die Ruhr-Universität Bochum war die Initialzündung für weitere universitäre Gründungen im Ruhrgebiet. Die Pädagogische Hochschule Kettwig wurde zusammen mit der Ingenieurschule Duisburg zur Gesamthochschule in Duisburg, der späteren Mercator-Universität. Im Osten des Ruhrgebietes entstanden die Universität Dortmund und die neue Form universitären Lernens, die Fernuniversität Hagen. Die Lücke zwischen Duisburg im Westen und Dortmund im Osten schloss schließlich die Universität Essen, so dass sich das Ruhrgebiet im letzten halben Jahrhundert zu einem Ballungsgebiet in der Hochschullandschaft der BRD entwickelte.

An den genannten Universitäten waren im Jahre 2017 nach Ausweis des Ministeriums für Innovation, Wissenschaft und Forschung des Landes NRW insgesamt 187 255 Studierende eingeschrieben, und das Ruhrgebiet hat sich inzwischen an die Studierenden gewöhnt und diese assimiliert, zumal diese keine langen Haare mehr tragen und bei weitem nicht mehr so aufmüpfig und krabitzig sind, wie die Alt-68er es waren. Aber auch die sind mittlerweile ältere Herrschaften, die das 70. Lebensjahr überschritten haben, und auch der mittlerweile 88-jährige Kurt Biedenkopf genießt nur noch seinen Ruhestand.

Die heilige Barbara
Frau, die unter Tage gern gesehen war

Der Bergbau im Revier ist Geschichte, die Schutzpatronin der Kumpel nicht. Die schöne junge Frau mit dem dreifenstrigen Turm begegnet uns in Kirchen, im Brauchtum und an allen Ecken und Enden in den jetzt ehemaligen Bergbaustädten. Als man die Zechen schloss, die Schächte verfüllte und die Anlagen neuen Nutzungen zuführte, bewahrte man die Heiligenfigur, und sie ist in der bergmännischen Tradition, die mehr und mehr Erinnerung wird, nicht wegzudenken.

Im Unterschied zu anderen Bergbaurevieren haben hier nie Frauen unter Tage gearbeitet. Wie die heilige Jungfrau Barbara zu uns gekommen ist, weiß niemand so recht. Vermutlich wird sie sich mit den Bergarbeitern, die nach dem Ersten Weltkrieg aufgrund der Abtretung von Teilen des oberschlesischen Reviers an Polen ins Ruhrgebiet kamen, auf den Weg gemacht haben. Dort besaß die Barbaraverehrung seit Beginn des Bergbaus in der Mitte des 19. Jahrhunderts eine tief empfundene Tradition. Barbara ist also im doppelten Sinne eine Zugereiste, zum einen kam sie aus dem Osten, gelebt hatte sie jedoch gut anderthalb Jahrtausende eher in Kleinasien, also in der heutigen Türkei in der Gegend, in der auch der Nikolaus sein Leben verbracht hatte.

Wie sie zu dem Job der Schutzheiligen der Bergleute gekommen ist, lässt sich nicht zweifelsfrei ermitteln. Vermutlich hat dies mit der frommen Legende zu tun, dass sich ein Berg öffnete und sie vor ihren Häschern verbarg, die sie ob ihres christlichen Glaubens verfolgten. Sie teilt sich die ihr übertragene Aufgabe je nach Region und Zeit mit dem alttestamentarischen Daniel (der mit der Löwengrube) und der heiligen Anna, der Mutter Mariens. Noch der große Reformator Luther, selbst Spross einer Familie, die ein Bergwerk besaß, betete in der Not zur heiligen Anna und nicht zur Barbara.

Das Leben der heiligen Barbara war kurz, und es endete fürchterlich. Der rabiate Vater wollte sie von der neuen Religion des Christentums abhalten und sperrte sie weg in besagten Turm, den diese jetzt im Arm trägt. Als das nicht half, überantwortete er sie der Obrigkeit, die sie mit maßloser Folter auf den „rechten heidnischen" Weg zurückbringen wollte. Da sie diese immer wieder schadlos überstand (ein Engel erschien ihr des Nachts und heilte ihre Wunden), griff der rasende Vater selbst zum Schwert und enthauptete die eigene Tochter. Postwendend wurde er vom Blitz erschlagen. Welch ein Familiendrama!

Mit der Ausbreitung des christlichen Glaubens und der damit verbundenen Gewohnheit, Überreste (Reliquien) von den Glaubenszeugen aufzuheben und zu verehren, kamen die der jungen Frau nach Konstantinopel und von dort nach Venedig, wo sie noch heute liegen, wenn sie nicht gerade auf Reisen sind (vor einigen Jahren mit dem Flieger nach Athen und auf den amerikanischen Kontinent). Außer ihren bild- und figürlichen Darstellungen ist also nichts hier ins Revier gekommen.

So gar nichts?

Doch, ein kleines Stück ihres Schädels war gleichsam als Gastgeschenk Papst Leos III. an die Kirche von Hohensyburg gegeben worden, als er am Ende des 8. Jahrhunderts Karl den Großen in Paderborn besuchte. Als die Kirche dann im 16. Jahrhundert protestantisch wurde, schickte man diese Reliquie zur geflissentlichen weiteren Verwendung nach Köln.

Als man im Jahre 1957 aus Teilen der Erzbistümer Köln und Paderborn und dem Bistum Münster das neue Bistum Essen bildete, allerdings mit Ausnahme der Stadt Dortmund, die bei Paderborn verblieb, schaffte man eine Institution, die fast das gesamte Steinkohlenrevier und die Eisenindustrie zwischen Duisburg und Bochum umfasste. Der erste Bischof des Ruhrbistums, Franz Hengsbach, wählte dann auch für seinen Bischofsring als Pretiose keinen Edelstein, sondern ein Stück Kohle.

Die Menschen im Revier hatten erwartet, dass man nun die hier am meisten verehrte Heilige zur Schutzpatronin des Bistums erhob, hatte doch nur wenige Jahre zuvor die Bergbaugewerkschaft den Festtag der heiligen Barbara als arbeitsfreien und gesetzlichen Feiertag eingefordert. Stattdessen erkor man Altfrid und Kosmas und Damian, von denen Reliquien in Essen vorhanden waren (von Letzteren liegen in München übrigens noch viel mehr). Vielleicht war man doch ein bisschen zu katholisch, bestanden doch seit geraumer Zeit Zweifel daran, dass es die heilige Barbara überhaupt gegeben hatte.

Knapp ein Jahrzehnt später wurde in Folge des Zweiten Vatikanischen Konzils der römische Heiligenkalender durchforstet, und alle Heiligen, deren historische Existenz als nicht gesichert galt, wurden eliminiert, also auch die heilige Barbara. Die Resonanz darauf hier in der Region ging gegen Null. Es gab weiterhin Kirchen, die ihren Namen trugen, und die Bergleute feierten weiterhin – im Übrigen meistens ökomenisch – ihre Barbarafeier am 4. Dezember. Man schnitt weiterhin Barbarazweige, die dann an Weihnachten blühten, und beließ die Heiligenfiguren an ihrem Platz. Das Ruhrgebiet wird seiner Schutzpatronin auch weiterhin die Treue halten, der jungen heiligen Frau mit Migrationshintergrund. Glück auf!

Literatur

Averdunk, H., Geschichte der Stadt Duisburg bis zur endgültigen Vereinigung mit dem Hause Hohenzollern 1666, 1894
Baedeker, K. (Hg.), Ruhrgebiet. Rheinisch-Westfälisches Industriegebiet, 1959
Bagrow, L., Skelton, R. A., Meister der Kartographie, 1989
Bahra, H., Königin Luise. Von der Provinzprinzessin zum preußischen Mythos, 2009
Bankmann, P., Burgen, Schleusen und Oasen. Das Ruhrtal im Wandel der Zeit, 2017
Berghaus, G., Schilp, Th., Schlagheck, M., Herrschaft, Bildung und Gebet. Gründung und Anfänge des Frauenstifts Essen, 2000
Bergmann, W., Unser aller Heiligen, 2016
Bergmann, W., Dickau, O., Kamp, H. J., Geschichte und Quellen der Deutschordenskommenden im Ruhrgebiet am Beispiel der Kommende Welheim, 2017
Berke, M., Die Ruhmeshalle des Ruhrgebiets, 2016
Bessen, D., Wisotzky, K., Buchkultur inmitten der Industrie. 225 Jahre G. D. Baedeker in Essen, 2000
Bleidick, D., Rasch, M. (Hg.), Technikgeschichte im Ruhrgebiet. Technikgeschichte für das Ruhrgebiet, 2004
Brüggemeier, F. J., Farrenkopf, M., Grütter, Th., Das Zeitalter der Kohle. Eine europäische Geschichte, 2018
Colli, F. J., Debat, R., 100 Jahre … nur der RWE, 2007
Dellwig, M., Langer, P., Oberhausen. Eine Stadtgeschichte im Ruhrgebiet, 4 Bde., 2012
Dorn, H. J., Die Deutschordensballei Westfalen, 1978
Esch, Th., Beitrag zur Geschichte der Hexenprozesse aus der Stadt Recklinghausen, in: Vestische Zeitschrift 11, 1901, S. 61–78
Fuchs, R. P., Hexenverfolgung an Ruhr und Lippe. Die Nutzung der Justiz durch Herren und Untertanen, 2002

Große-Wilde, H.W., Ehring, K.H., Ernst Wilczok – erster Bürger unserer Stadt, 1989
Grünewald, B., Osterfeld. Bilder aus der Geschichte eines alt-vestischen Gemeinwesens, 1929
Harenberg, B. (Hg.), Chronik des Ruhrgebiets, 1987
Hermann, W. und G., Die alten Zechen an der Ruhr. 6. Aufl., 2008
Höhne, H., Canaris – Patriot im Zwielicht, 1984
Iwanczak, W., Die Kartenmacher, 2005
Kortum, C.A., Gesundheitsbüchlein für Bergleute, 1798
Krix, W., Alt-Bottroper Kneipenlandschaft, 2007
Lange, K., Stadt Holten. 675 Jahre 1310–1985. Geschichte und Geschichten, 1985
Lauterfeld, G., Klübersche Protokolle, Band 1, 1957
Loosen, M., Der Kölnische Krieg, Band 2, 1887
Luntowski, G., Arnold Mallinckrodt (1768–1825), in: Westfälische Lebensbilder Bd. 15, 1990, S. 91–107
Mews, K., Dr. Franz Wilhelm Flashoff. Fürstlicher Hofapotheker und preußischer Kommissionsrat. Essen 1771–1837. Beiträge zur Geschichte von Stadt und Stift Essen 77, 1963, S. 3–43
Milz, J., Kleine Geschichte der Stadt Duisburg, 1983
Oesterdiekhoff, G. W., Strasser, H., Köpfe der Ruhr. 200 Jahre Industriegeschichte und Strukturwandel im Lichte von Biografien, 2009
Pätzold, S. (Hg.), Bochum, der Hellwegraum und die Grafschaft im Mittelalter, 2009
Raupp, W., Toni Turek – „Fußballgott". Eine Biographie, 2019
Roden, G. v., Geschichte der Stadt Duisburg, 2 Bde., 1970 u. 1974
Ribbeck, K., Geschichte der Stadt Essen, 1915
Rupp, W., Friedrich von Spee. Dichter und Kämpfer gegen den Hexenwahn, 2011
Schetter, R., Der Streit der Bottroper Bauern mit Essen um die Weiderechte der Welheimer Markgenossen in der Borbecker und Viehofer Mark, in: Vestisches Jahrbuch 57, 1955, S. 23–40
Schiller, F. v., Geschichte des Abfalls der vereinigten Niederlande von der Spanischen Regierung, 1788
Schlieper, A., 150 Jahre Ruhrgebiet. Ein Kapitel deutscher Wirtschaftsgeschichte, 1986

Schmidt, R., Baedeker, Familie, in: Deutsche Buchhändler – Deutsche Buchdrucker. Beiträge zu einer Firmengeschichte des deutschen Buchgewerbes. Bd. 1, 1902, S. 18–21

Seebold, G., Carl Arnold Kortum, 1745–1824, Arzt Forscher, Literat, 1995

Seibt, F. (Hg.), Vergessene Zeiten, Mittelalter im Ruhrgebiet. Katalog zur Ausstellung (26. September 1990 bis 6. Januar 1991) im Ruhrlandmuseum Essen, 2 Bde., 1990

Seipp, W., Oberhausener Heimatbuch, 1964

Spethmann, H., Das Ruhrgebiet im Wechselspiel von Land und Leuten, Wirtschaft, Technik und Politik, 5 Bde., 1–3, 1933, und 4–5 posthum, 2011

Spethmann, H., Die Rote Armee an Rhein und Ruhr, 1932

Spethmann, H., Wie unser Ruhrgebiet wurde, 1936 (cave! Mit Nazi-Ideologie)

Spethmann, H., Hans von und zu Loewenstein, 1939 (cave! Mit Nazi-Ideologie)

Tewes, L., Der Zweite Weltkrieg im Raum Bottrop und Umgebung 1943–1945, 1985

Winterfeld, L. v., Geschichte der freien Reichs- und Hansestadt Dortmund, 7. Aufl. 1981

Winterfeld, L. v., Tiedemann Lemberg, 1927

Abbildungen

Die vier Abbildungen auf dem Umschlag dieses Buches zeigen:
oben links: Veleda (Illustration aus dem Jahre 1882; wikipedia CC BY 2.0)
oben rechts: Friedrich Harkort (vor 1880; wikimedia commons)
unten links: Albert Leo Schlageter (Fotografie um 1920; Sammlung K. Mayer)
unten rechts: Luise Albertz (mit freundlicher Genehmigung des Stadtarchivs Oberhausen)

Wichtige Orte

Personenverzeichnis

Adelheid
* 931/932 in Hochburgund; † 16. Dezember 999 im Kloster Selz im Elsass; seit 951 Ehefrau Ottos I., führte von 983–994 zusammen teilweise mit ihrer Schwiegertochter Theophanu die Regierungsgeschäfte, 1097 heiliggesprochen.

Adenauer, Konrad
* 5. Januar 1876 in Köln; † 19. April 1967 in Rhöndorf; Bundeskanzler 1949–1963.

Albertz, Luise
* 22. Juni 1901 in Duisburg; † 1. Februar 1979 in Oberhausen; Politikerin der SPD, Landtags- und Bundestagsabgeordnete, 1946–1948 und 1956–1979 Oberbürgermeisterin der Stadt Oberhausen.

Altfrid
* um 800; † 15. August 874; 851–874 Bischof von Hildesheim; Gründer des Stiftes Essen.

Alvarez de Toledo, Fernando
* 29. Oktober 1507 in Piedrahíta, Kastilien; † 11. Dezember 1582 in Lissabon; Herzog von Alba, 1567–1573 Statthalter der Spanischen Niederlande.

Anne
* 6. Februar 1665 in London; † 1. August 1714 in London; 1702–1714 Königin von Irland, 1702–1707 Königin von England, letzte Königin des Hauses Stuart.

Anno II.
* um 1010; † 4. Dezember 1075 in Köln; 1056–1075 Erzbischof von Köln, 1183 heiliggesprochen; er soll gegen Gicht helfen.

Arenberg, Ludwig Engelbert Marie Joseph Augustin von
* 3. August 1750 in Brüssel; † 7. März 1820 in Brüssel; ab 1803 Souverän des Vestes Recklinghausen; da er aufgrund eines Jagdunfalls erblindet war, übertrug er noch im gleichen Jahr die Herrschaft auf seinen Sohn Prosper Ludwig.

Arenberg, Prosper Ludwig von
* 28. April 1785 in Enghien; † 27. Februar 1861 in Brüssel; Herzog von Arenberg, Aarschot (Aerschot) und Meppen, Fürst von Recklinghausen, Graf von der Mark, Souverän des Vestes Recklinghausen 1803–1815.

Arnulf von Kärnten
* um 850; † 8. Dezember 899 in Regensburg; 887–899 König des Ostfrankenreiches und 896–899 Kaiser, Vater Zwentibolds.

Baedeker, Gottschalk Diedrich
* 13. Juli 1778 in Essen; † 23. März 1841 in Essen; Verleger und Buchhändler, Gründer des G. D. Baedeker Verlages und Stadtrat in Essen, Stammvater der Baedeker-Dynastie.

Baedeker, Julius
* 21. August 1821 in Essen; † 22. November 1898 in Essen; Verleger, Buchhändler und Redakteur.

Baedeker, Karl
* 3. November 1801 in Essen, † 4. Oktober1859 in Koblenz; Verlagsinhaber, Erfinder des Baedeker-Reiseführers.

Baekeland, Leo Hendrik
* 14. November 1863 in Gent; † 23. Februar 1944 in Beacon (New York); belgischer Chemiker, erfand 1907 das Bakelit, den ersten Kunststoff.

Balduin von Luxemburg
* um 1285 in Luxemburg; † 21. Januar 1354 in Trier; 1307–1354 Erzbischof von Trier.

Barbara
heilige Märtyrerin des 3. Jahrhunderts; Nikomedien (heute Türkei).

Baroth, Hans Dieter
eigentlich Dieter Schmidt; * 12. Februar 1937 in Oer-Erkenschwick; † 16. Juli 2008 in Berlin; Journalist und Schriftsteller, schrieb unter anderem Bücher über den Bergbau und den Fußball im Ruhrgebiet, zum Beispiel „Streuselkuchen und Muckefuck“, „Als der Fußball laufen lernte“.

Bataver
westgermanischer Volksstamm, seit etwa 50 v. Chr. an der Rheinmündung.

Beda Venerabils
Benediktinermönch, * 672/673; † 26. Mai 735; schrieb eine Kirchengeschichte und erstellte eine Osterfestrechnung, die bis ins 16. Jahrhundert befolgt wurde.

Blaeu, Wilhelm
* 1571 in Alkmaar (Niederlande); † 1638 in Amsterdam; Kartograph und Verleger.

Blüm, Norbert
* 21. Juli 1935 in Rüsselsheim; † 23. April 2020; CDU-Politiker, 1982 – 1998 Bundesminister für Arbeit und Sozialordnung.

Boccaccio, Giovanni
* 16. Juni 1313 in Certaldo oder Florenz; † 21. Dezember 1375 in Certaldo; Schriftsteller, verfasste das „Decamerone", hundert Novellen über die gesellschaftlichen Strukturen seiner Zeit; anlässlich seines 700. Geburtstages erschien 2013 eine 2-Euro-Gedenkmünze.

Boeckler, Hans
* 26. Februar 1875 in Trautskirchen; † 16. Februar 1951 in Köln; SPD-Politiker, Gewerkschaftsfunktionär, 1949 – 1951 Vorsitzender des DGB.

Bohlen und Halbach, Arndt von
* 24. Januar 1938 in Berlin; † 8. Mai 1986 in München; Erbe der Firma Krupp in Essen.

Bonhoeffer, Dietrich
* 4. Februar 1906 in Breslau; † 9. April 1945 im KZ Flossenbürg; evangelischer Theologe, Mitglied der Bekennenden Kirche und Nazi-Gegner.

Bonifatius
Eigentlich Winfried, * um 673 in Crediton (heute England); † 5. Juni 754 oder 755 bei Dokkum (heute Stadt in den Niederlanden); Missionar und Organisator der Christianisierung der Regionen rechts des Rheins, seine berühmteste Heldentat war die Fällung der Donareiche; gründete das Kloster Fulda, wo sich auch heute noch sein Grab findet; natürlich wird er als Heiliger verehrt.

Bora, Katharina von
* 29. Januar 1499 in Lippendorf; † 20. Dezember 1552 in Torgau; seit 1525 Ehefrau Martin Luthers.

Brauer, Max Julius Friedrich
* 3. September 1887 in Altona-Ottensen; † 2. Februar 1973 in Hamburg; Bürgermeister Stadt Hamburg 1946 – 1953 und 1957 – 1960.

Brinkhoff, Fritz
* 8. Februar 1848 in Harpen; † 21. März 1927 in Dortmund; Braumeister in Dortmund.

Brockhaus, Friedrich Arnold
* 4. Mai 1772 in Dortmund; † 20. August 1823 in Leipzig; Verleger und Publizist, Herausgeber eines Konversationslexikons.

Broden, Josef
* 2. April 1927; † 7. Mai 2011; Torwart beim Duisburger Spielverein 1900 (DSV) und Schalke 04 1950–1965.

Busch, Wilhelm
* 15. April 1832 in Wiedensahl; † 9. Januar 1908 in Mechtshausen; der Dichter nicht nur von „Max und Moritz".

Canaris, Wilhelm Franz
* 1. Januar 1887 in Aplerbeck bei Dortmund; † 9. April 1945 im KZ Flossenbürg; Marineoffizier, 1935 – 1944 Leiter der Abwehr, des militärischen Geheimdienstes der Wehrmacht.

Christina
* 7. Dezember 1626 in Stockholm, † 19. April 1689 in Rom; Königin von Schweden 1632 – 1654, Tochter des Gustav II. Adolf; sie veranlasste den „Prager Kunstraub" 1648; am 24. Dezember 1654 konvertierte sie zum katholischen Glauben; 1655 zog sie nach Rom, wo sie den Rest ihres Lebens verbrachte.

Clemens VI.
* um 1290 in Rosiers-d'Égletons; † 6. Dezember 1352 in Avignon; 1342 – 1352 Papst, residierte in Avignon.

Curtius, Friedrich Wilhelm
* 21. April 1782 in Goch; † 12. Februar 1862 in Duisburg; begründete die chemische Industrie im Ruhrgebiet, Herstellung von Schwefelsäure und Soda.

Curtius, Julius
* 7. Februar 1877 in Duisburg; † 10. November 1948 in Heidelberg; Jurist und Politiker, 1926 – 1931 Wirtschafts- und Außenminister der Weimarer Republik.

Daum, Christoph
* 24. Oktober 1953 in Zwickau; Fußballspieler und Trainer.

Davidis, Henriette
* 1. März 1801 in Wengern; † 3. April 1876 in Dortmund; Kochbuchautorin.

Dinnendahl, Franz
* 20. August 1775 in Horst (Essen); † 15. August 1826 in Rellinghausen (Essen); baute die ersten Dampfmaschinen im Ruhrgebiet.

Dinnendahl, Johann
* 6. Juni 1780 in Horst (Essen); † 28. Oktober 1849 in Minden; Bruder von Franz Dinnendahl, Bergwerksdirektor, Mitbegründer der Friedrich-Wilhelm-Hütte in Mülheim an der Ruhr.

Duden, Heinrich
* um 1530 in Xanten; † 5. April 1601; 1573–1601 Abt des Klosters Werden.

Duden, Konrad
* 3. Januar 1829 in Lackhausen; † 1. August 1911 in Sonnenberg; Philologe, Urvater der deutschen Rechtschreibung; er veröffentlichte 1880: "Vollständiges Orthographisches Wörterbuch der deutschen Sprache, nach den neuen preußischen und bayerischen Regeln", den ersten Duden.

Edward III.
* 13. November 1312 in Windsor Castle; † 21. Juni 1377 in Sheen Palace; 1327–1377 König von England.

Erhard, Ludwig
* 4. Februar 1897 in Fürth; † 5. Mai 1977 in Bonn; 1949–1963 Wirtschaftsminister, Bundeskanzler 1963–1966.

Ernst von Bayern
* 17. Dezember 1554 in München; † 17. Februar 1612 in Arnsberg; 1583–1612 Erzbischof von Köln.

Etzlaub, Ehrhard
* um 1460 in Erfurt; † 1531/1532 in Nürnberg; Mediziner, Astronom und Kartograph, erstellte eine Rom-Wegkarte für Pilger.

Eversbusch, Heinrich Peter Christoph
*28. März 1790; †18. Oktober 1872 in Hagen; Schnapsbrenner.

Ewald
Brüder Ewaldi (Ewalde), nach ihrer Haarfarbe der schwarze und der weiße Ewald genannt; *Northumbria (England) um 650; † nach 690 in Aplerbeck[?] (Dortmund); Missionare und Märtyrer.

Ferdinand von Bayern
* 6. Oktober 1577 in München; † 13. September 1650 in Arnsberg; 1612–1650 Erzbischof von Köln.

Fischer, Franz
* 19. März 1877 in Freiburg im Breisgau; † 1. Dezember 1947 in München; Chemiker, entwickelte zusammen mit Hans Tropsch die Herstellung von flüssigen Treibstoffen aus Kohle.

Flaßhoff, Christian
* 6. Januar 1812 in Essen; †12. Juni 1857 in Essen; Mitbegründer der Zeche Concordia in Oberhausen.

Flasshoff, Franz Wilhelm
* 9. Juni 1771 in Essen; † 27. Juli 1837 in Essen; Apotheker, Chemiker und Tüftler.

Freisler, Roland
* 30. Oktober 1893 in Celle; † 3. Februar 1945 in Berlin; Jurist, 1942–1945 Präsident des „Volksgerichtshofs“: für mehr als zweieinhalbtausend Todesurteile in politischen Prozessen verantwortlich.

Friedrich II.
* 26. Dezember 1194 in Jesi, Italien; † 13. Dezember 1250 in Castel Fiorentino, Italien; Kaiser; lebte vornehmlich auf Sizilien, schrieb ein heute noch berühmtes Buch über die Falkenjagd (de arte venandi cum avibus), krönte sich selbst zum König von Jerusalem.

Gebhard Truchsess von Waldburg-Trauchburg
* 10. November 1547 in Heiligenberg; † 31. Mai 1601 in Straßburg; 1577–1583 Erzbischof von Köln, konvertierte aus Liebe zum Protestantismus.

Gerhard von Arberg
* 1210; † 1265; ab 1252 [?] Burggraf von Köln und Ehemann der Mechthild von Holten.

Gigas, Johannes
* 1582 in Lügde; † 1637 in Münster; Mediziner und Leibarzt des Kölner Erzbischofs Ferdinand I., Kartograph.

Gregor XIII.
* 7. Januar 1502 in Bologna; † 10. April 1585 in Rom; 1572–1585 Papst, er veranlasste die nach ihm benannte Kalenderreform mit dem heute noch gültigen Gregorianischen Kalender.

Grillo, Wilhem Theodor
* 15. Oktober 1819 in Essen; † 23. Januar 1889 in Düsseldorf; Unternehmer, begründete im Wesentlichen die Zinkindustrie im Ruhrgebiet.

Groß, Nikolaus
* 30. September 1898 in Niederwenigern (Hattingen); † 23. Januar 1945 in Berlin-Plötzensee; Bergmann, Gewerkschaftsfunktionär katholischer Gewerkschaften, Opfer der Nazi-Diktatur, seliggesprochen durch Johannes Paul II.

Gründgens, Gustav
* 22. Dezember 1899 in Düsseldorf ; † 7. Oktober 1963 in Manila; deutscher Schauspieler, Regisseur und Intendant.

Gustav II. Adolf
* 9. Dezember 1594 in Stockholm; † 16. November 1632 bei Lützen; König von Schweden 1611–1632, griff auf Seiten der Protestanten in den Dreißigjährigen Krieg ein.

Haniel, Franz
* 20. November 1779 in Ruhrort (Duisburg); † 24. April 1868 in Ruhrort; Kaufmann und Spediteur in Ruhrort; gründete 1808 gemeinsam mit seinem Bruder Gerhard sowie seinen Schwägern Gottlob Jacobi und Heinrich Arnold Huyssen die Hüttengewerkschaft und Handlung Jacobi, Haniel & Huyssen in Sterkrade, aus der später die Gutehoffnungshütte hervorging.

Haniel, Gerhard
* 21. November 1774 in Ruhrort (Duisburg); † 23. August 1834; Kaufmann und Spediteur in Ruhrort, 1805 erwarb er Anteile an den Hütten St. Antony und „Neu Essen“.

Haniel, Johannes Franz
* 20. November 1779 in Ruhrort (Duisburg); † 24. April 1868, Unternehmer, Mitbegründer der Hüttengewerkschaft und Handlung Jacobi, Haniel & Huyssen in Sterkrade, später Gutehoffnungshütte.

Harkort, Friedrich
* 22. Februar 1793 in Westerbauer bei Hagen; † 6. März 1880 in Hombruch; „Vater des Ruhrgebietes“, Pionier der eisenverarbeitenden Industrie; baute Dampfmaschinen, die vornehmlich für die Wasserhaltung im Bergbau eingesetzt wurden.

Hauenstein, Heinz
* 22. September 1899 in Dresden; † 14. Oktober 1962 in Frankfurt am Main; Freikorpsführer, zunächst im Freikorps Loewenfeld, danach eigene „Organisation Heinz“, die aktiven Widerstand während der Ruhrbesetzung 1923 leistete.

Heinemann, Gustav
* 23. Juli 1899 in Schwelm; † 7. Juli 1976 in Essen; Bundesjustizminister 1966–1969, Bundespräsident 1969–1974.

Heinrich (VII.)
* 1211 in Sizilien; † 1242 in Kalabrien; 1220–1235 deutscher König.

Heinrich Friedrich Karl Reichsfreiherr vom und zum Stein
* 25. Oktober 1757 in Nassau; † 29. Juni 1831 in Cappenberg (Lünen); preußischer Minister und Reformer: zuständig für Westfalen und damit für das spätere Ruhrgebiet.

Hengsbach, Franz
* 10. September 1910 in Velmede (bei Arnsberg); † 24. Juni 1991 in Essen; erster Bischof des Bistums Essen 1958–1991, Kardinal seit 1988.

Herberger, Sepp (Josef)
* 28. März 1897 in Mannheim-Waldhof; † 28. April 1977 in Mannheim; Reichs- und nach dem Zweiten Weltkrieg Bundestrainer der deutschen Fußballnationalmannschaft 1936–1942 und 1950–1964.

Herkenrath, Fritz
* 9. September 1928 in Köln; † 18. April 2016 in Aachen; Torwart; nach dem Kriege bis 1952 Köln, 1952–1962 Rot-Weiß Essen, Torhüter der Nationalmannschaft 1954–1958.

Hermann der Cherusker
eigentlich Arminius; * um 17 v. Chr.; † um 21 n. Chr.; vernichtete die Legionen des Varus in der Schlacht im Teutoburger Wald 9 n. Chr., Denkmal in Detmold.

Hermann I.
* um 870; † 11. April 924; 889/890 – 924 Erzbischof von Köln.

Hermann von Salza
* um 1162 in Langensalza, Thüringen; † 20. März 1239 in Salerno; 1210 – 1239 Hochmeister des Deutschen Ordens.

Heuss, Theodor
* 31. Januar 1884 in Brackenheim; † 12. Dezember 1963 in Stuttgart; 1949 – 1959 Bundespräsident.

Heydrich, Reinhard
* 7. März 1904 in Halle an der Saale; † 4. Juni 1942 in Prag; Nazi-Größe, u. a. Leiter des Reichssicherheitshauptamts und deutscher SS-Obergruppenführer.

Hinze, Gottfried
* 2. November 1873 in Aachen; † 23. August 1953 in Duisburg; 1. Vorsitzender des Deutschen Fußball-Bundes von 1905 – 1925, Mitbegründer und Torwart des Duisburger Spielvereins 1900 (DSV).

Hönnepel, Frank von
* um 1400 bei Kalkar; † 1473 in Welheim (Bottrop); Deutschordensritter, 1443 – 1473 Komtur der Deutschordenskommende Welheim.

Hoesch, Leopold
* 13. Januar 1820 in Düren; † 21. April 1899 in Düren; gründete 1871 in Dortmund ein Eisen- und Stahlwerk, später Westfalenhütte.

Hoffmann, Hilmar
* 25. August 1925 in Bremen; † 1. Juni 2018 in Frankfurt am Main; 1954 Begründer und Leiter der Oberhausener Kurzfilmtage, VHS-Leiter und Kulturdezernent der Stadt Oberhausen.

Hoover, Herbert Clark
* 10. August 1874 in Iowa; † 20. Oktober 1964 in New York; Präsident der USA 1929 – 1933

Humboldt, Alexander von
* 14. September 1769 in Berlin; † 6. Mai 1859 in Berlin; Entdeckungsreisender und Naturforscher, u. a. Studium an der Bergakademie Freiberg, Bergassessor und Oberbergrat; entwickelte einen Vorläufer der Atemschutzmaske und eine verbesserte Grubenlampe; er soll selbst auf seinen Expeditionsreisen vielfach sein Bergmannshabit getragen haben.

Huyssen, Heinrich
* 4. Juli 1779 in Essen; † 6. Oktober 1870 in Altenessen; gründete 1808 die Hüttengewerkschaft und Handlung Jacobi, Haniel & Huyssen (JHH), aus der später der Gutehoffnungshütte hervorging, 1813–1818 Bürgermeister von Essen.

Imhoff, Karl Ludwig
* 7. April 1876 in Mannheim; † 28. September 1965 in Essen; Bauingenieur und ein Pionier der Abwassertechnik, Erfinder von Kläranlagentechnik.

Jacobi, Gottlob Julius
* 28. Dezember 1770 in Winningen (bei Koblenz); † 25. Januar 1823 in Osterfeld (Oberhausen); Fachmann für Eisenhüttenwesen nach Aufenthalt in England, von der Essener Äbtissin Maria Kunigunda zum Leiter der Hütte „Neu Essen“ bestellt, die 1808 mit zwei weiteren Hütten zur Hüttengewerkschaft Jacobi, Haniel & Huyssen (JHH) vereinigt wurde; Jacobi starb im Wohnhaus der St.-Antony-Hütte, das heute Teil des Rheinischen Industriemuseums ist.

Johann von Arberg
* 1240; † 1280 [?]; Burggraf von Köln.

Johannes Paul II.
* 18. Mai 1920 in Wadowice, Polen; † 2. April 2005 Vatikan; Papst 1978–2005, heiliggesprochen am 27. April 2014.

Joséphine de Beauharnais
* 23. Juni 1763 in Les Trois-Îlets; † 29. Mai 1814 in Rueil-Malmaison; 1796–1809 erste Ehefrau Napoleons.

Julius Civilis
* um 25; † nach 70; Präfekt einer römischen Hilfstruppe, zettelte den Bataveraufstand an.

Kapp, Wolfgang
* 24. Juli 1858 in New York; USA; † 12. Juni 1922 in Leipzig; Generallandschaftsdirektor in Königsberg 1907–1920; er organisierte maßgeblich den nach ihm benannten Putsch gegen die Weimarer Regierung, die er für abgesetzt erklärte; ernannte sich selbst zum Reichskanzler; der rechtsradikale Putsch brach durch den ausgerufenen Generalstreik zusammen, Kapp entwich ins Exil nach Schweden, wurde aber ausgeliefert, starb noch vor Beginn des angestrengten Hochverratsprozesses infolge einer Krebsoperation.

Karl der Große
* um 747; † 28. Januar 814 in Aachen; von 768–814 König des Fränkischen Reiches; ab 800 Kaiser; bedeutendster Herrscher des Frankenreiches.

Kirdorf, Emil
* 8. April 1847 in Mettmann; † 13. Juli 1938 in Mülheim an der Ruhr; Industriemanager und Förderer der NSDAP.

Koll, Willi
17. November 1926; † 2. Januar 2005; Fußballspieler beim Duisburger SV 1900 (DSV) 1949–1961.

Konrad von Hochstaden
* um 1205; † 28. September 1261; 1238–1261 Erzbischof von Köln.

Kortum, Carl Arnold
* 5. Juli 1745 in Mülheim an der Ruhr; † 15. August 1824 in Bochum; Mediziner und Schriftsteller.

Kosmas und Damian
* 3. Jahrhundert in Syrien; † unter Diokletian in Kilikien; Ärzte und Märtyrer, Heilige, Patrone von Stift und Stadt Essen.

Krauß, Werner
* 23. Juni 1884 in Coburg; † 20. Oktober 1959 in Wien; Schauspieler mit Nazi-Vergangenheit.

Krupp, Friedrich
* 17. Juli 1787 in Essen; † 8. Oktober 1826 in Essen; begründete die Krupp-Gussstahlfabrik, die Urzelle des Krupp-Konzerns.

Krupp. Helene Amalie
* 10. Juli 1732 in Essen; † 9. Mai 1810 in Essen; Unternehmerin und Begründerin der Krupp-Dynastie.

Kunibert
* um 600; † 12. November um 664 in Köln; Bischof von Köln 627–664; Ratgeber des merowingischen Königs Dagobert I. sowie Vormund Sigiberts III.; wird als Heiliger verehrt, seine Gebeine ruhen in der nach ihm benannten Kirche in Köln.

Lemberg, Tiedemann
* um 1310 in Dortmund; † 1386 in Köln; Dortmunder Kaufmann und potenter Gläubiger des englischen Königs Edwards III.

Leo III.
* um 750 in Rom; † 12. Juni 816; Papst von 795–816, krönte Karl den Großen zum Kaiser.

Lichtschlag, Otto
* 17. Juli 1885 in Wesel, † 17. März 1961 in Andernach; Stabsoffizier im Ersten Weltkrieg, Leiter eines nach ihm benannten Freikorps, das im Ruhrkampf besonders brutal vorging und als „Freikorps Totschlag" bezeichnet wurde; wurde als Generalstabsoffizier im Zweiten Weltkrieg reaktiviert.

Liudger
* um 742 bei Utrecht; † 26. März 809 in Billerbeck; Missionar, Gründer und erster Bischof des Bistums Münster, Gründer des Klosters Werden, Heiliger.

Loewenfeldt, Wilfried von
* 25. September 1879 in Spandau; † 5. Juli 1946 in Schleswig; Marineoffizier im Ersten Weltkrieg und danach Führer des nach ihm benannten Freikorps; mit diesem unterstützte er den Kapp-Putsch und richtete im Kampf gegen die „Rote Ruhrarmee" im Raum Bottrop ein Blutbad an. Danach wurde er wieder in die Reichsmarine als Kapitän zur See aufgenommen und brachte es bis 1939 zum Konteradmiral.

Ludwig das Kind
* September oder Oktober 893 in Altötting; † 20. oder 24. September 911; 900–911 König des ostfränkischen Reiches.

Ludwig der Bayer
* 1282 oder 1286 in München; † 11. Oktober 1347 in Fürstenfeldbruck; 1314–1347 deutscher König, 1328–1347 Kaiser.

Ludwig der Fromme
* Juni/August 778 in Poitiers; † 20. Juni 840 in Ingelheim; 814–840 König des Frankenreiches, 813–840 Kaiser.

Lübke, Heinrich
* 14. Oktober 1894 in Enkhausen/Sauerland; † 6. April 1972 in Bonn; 1959–1969 Bundespräsident.

Lueg, Wilhelm
* 19. September 1792 in Wellinghofen; † 19. März 1864 in Sterkrade; Direktor der St.-Antony-Hütte, Mitbegründer der GHH.

Luther, Martin
* 10. November 1483 in Eisleben; † 18. Februar 1546 ebd; Reformator; der Anschlag seiner 95 Thesen an der Schlosskirche zu Wittenberg hat in Wirklichkeit nicht stattgefunden; er war ein Freund von Lebensmitteln, wie seine Bildnisse zeigen; der ihm wohl fälschlicherweise zugeschriebene Spruch „Warum rülpset und furzet ihr nicht, hat es euch nicht geschmacket?“ passt zu seinem Lebensgefühl, ist also gut erfunden.

Mallinckrodt, Arnold Andreas Friedrich
* 27. März 1768 in Dortmund; † 12. Juni 1825 Dortmund; Schriftsteller, Verleger und Publizist, Jurist und Verfechter der Aufhebung der Leibeigenschaft.

Mansfeld, Agnes von
* 1551; † 1637; Gräfin, Stiftsdame, seit Februar 1583 Ehefrau des Kölner Erzbischofs Gebhard Truchsess von Waldburg, vielfach genannt „die schöne Mansfelderin“.

Maria Kunigunde
Maria Kunigunde Dorothea Hedwig Franziska Xaveria Florentina von Sachsen; * 10. November 1740 in Warschau; † 8. April 1826 in Dresden; Königstochter: letzte Fürstäbtissin des freiweltlichen Reichsstifts Essen 1776–1802.

Maria Theresia
* 13. Mai 1717 in Wien; † 29. November 1780 in Wien;1740–1780 Erzherzogin von Österreich und Königin von Ungarn und Böhmen, Kaiserin war sie de jure nur über ihren Ehemann Franz I., der 1745 Kaiser wurde.

Marie Luise von Österreich
* 12. Dezember 1791 in Wien; † 17. Dezember 1847 in Parma; ab 1810 2. Ehefrau Napoleons.

Marsus
* [?]; † 3./4. Jahrhundert [?]; Bischof von Auxerre [?]; Heiliger; 864 gelangen seine Gebeine ins Stift Essen.

Marx, Karl
* 5. Mai 1818 in Trier; † 14. März 1883 in London; Gesellschaftstheoretiker und Vordenker einer Proletarierbewegung, schrieb „Das Kapital“.

Mathilde (II.)
* 949; † 5. November 1011; 971[?] – 1011 Äbtissin des Stiftes Essen; auf sie gehen die bedeutsamsten Kunstschätze des Stiftes zurück.

Mechthild von Holten
* um 1220: † nach 1288; couragierte Frau, der es gelang, die auf ihrem Stammsitz in Holten befindlichen kölnischen Schergen zu vertreiben und die Burg wieder in Besitz zu nehmen; Wohltäterin nicht nur für das Kloster der Zisterzienserinnen in Sterkrade.

Mendoza, Francisco Hurtado de
* 1550 in Balmaseda; † 1. März 1623 in Madrid; Admiral von Aragon, spanischer Oberbefehlshaber im Achtzigjährigen Krieg gegen die protestantischen Niederlande.

Mercator, Gerhard
eigentlich Gerhard Krämer, * 5. März 1512 in Rupelmonde, Flandern; † 2. Dezember 1594 Duisburg; Kartograph und Globenhersteller, Kosmograph, Theologe und Philosoph.

Mercator, Rumold
* 1541; † 1599 in Duisburg; Kartograph und Sohn des berühmten Gerhard; ein Jahr nach dem Tod seines Vaters veröffentlichte er eine Ergänzung des Kartenbuches „Tabulae Geographicae" seines Vaters, besorgte außerdem posthum die Ausgabe des Atlas seines Vaters.

Merian, Matthias
* 22. September 1593 in Basel; † 19. Juni 1650 in Langenschwalbach; Kupferstecher und Verleger, wurde berühmt durch seine Stadtansichten.

Meyers, Franz
* 31. Juli 1908 in Mönchengladbach; † 27. Januar 2002 in Mönchengladbach; CDU-Politiker, 1958 – 1966 Ministerpräsident von Nordrhein-Westfalen.

Middelhoff, Thomas
* 11. Mai 1953 in Düsseldorf; ehemaliger Manager der Arcandor AG 2004 – 2009.

Mikat, Paul
* 10. Dezember 1924 in Scherfede; † 24. September 2011 in Düsseldorf; Jurist, CDU-Politiker, 1962 – 1966 Kultusminister von Nordrhein-Westfalen.

Mulher Detmar
*1567 in Dortmund; † nach 1611 in Dortmund; Historiker, Jurist, Kartenzeichner.

Munius Lupercus
* [?]; † 69 n. Chr.; römischer Legat.

Napoleon
* 15. August 1769 auf Korsika; † 5. Mai 1821 auf St. Helena; Kaiser der Franzosen 1804–1814 und 1815.

Natta, Guilio
* 26. Februar 1903 in Imperia (Italien); † 2. Mai 1979 in Bergamo; Chemiker, befasste sich mit der Chemie der Kohlenstoffe, erhielt 1963 zusammen mit Karl Ziegler den Nobelpreis für Chemie.

Nero Claudius Caesar Augustus Germanicus.
* 15. Dezember 37 in Antium; † 9. oder 11. Juni 68 in Rom; 54–68 Kaiser des Römischen Reiches; tötete sich mit den Worten „Qualis artifex pereo!“ („Welch ein Künstler geht mit mir zugrunde!“).

Oda
seit 897 Ehefrau König Zwentibolds.

Oppenberg, Dietrich
* 29. Juli 1917 in Essen; † 24. März 2000 Essen; Journalist und Zeitungsherausgeber.

Otto der Erlauchte
* vor 866; † 30. November 912; Herzog von Sachsen [?] und Laienabt von Hersfeld.

Otto I.
* 23. November 912; † 7. Mai 973 in Memleben; 936–973 König, 962–973 Kaiser.

Otto II.
* 955; † 7. Dezember 983 in Rom; 973–983 Kaiser.

Otto III.
* Juni 980 bei Kleve; † 23./24. Januar 1002 bei Faleria (Italien); 983–1002 König, 996–1002 Kaiser.

Parkes, Alexander
* 29. Dezember 1813 in Birmingham; † 29. Juni 1890 in Dulwich; erfand das Zelluloid, das er zunächst Parkesine nannte.

Petilius Cerealis Caesius Rufus
* um 30 † [?]; römischer Senator und Feldherr.

Pfandhöfer, Eberhard
* 15. September 1743; † [?]; Siegener Hüttenmeister, ursprünglich wohl Leinenweber, pachtete 1779 die Hütte St. Antony, Gründer der Hütte „Gute Hoffnung".

Philipp II.
* 21. Mai 1527 in Valladolid (Spanin); † 13. September 1598 in Madrid; 1556–1598 König von Spanien.

Pippin der Mittlere
auch Pippin von Heristal genannt; * um 635; † 16. Dezember 714; fränkischer Hausmeier.

Preißler, Adi (Alfred)
* 9. April 1921 in Duisburg; † 15. Juli 2003 in Duisburg; Fußballspieler und Trainer, noch heute ist sein Ausspruch „entscheidend is auffem Platz" allgemein bekannt.

Quadflieg, Will
15. September 1914 in Oberhausen; † 27. November 2003 in Osterholz-Scharmbeck; Schauspieler.

Radbod
* [?]; † 30. März 915; 883–915 Erzbischof von Trier.

Rau, Johannes
* 16. Januar 1931 in Wuppertal; † 27. Januar 2006 in Berlin; Ministerpräsident NRW 1978–1998, Bundespräsident 1999–2004.

Richard von Cornwall
* 5. Januar 1209 in Winchester; † 2. April 1272 in Berkhamsted Castle; 1257–1272 deutscher König.

Rübel, Karl
* 24. Februar 1848 in Dortmund; † 19. Januar 1916 in Dortmund; Historiker und Lehrer, erster Leiter des Archivs der Stadt Dortmund bis 1916.

Rudolph II.
* 18. Juli 1552 in Wien; † 20. Januar 1612 in Prag; 1576–1612 Kaiser, 1575–1611 König von Böhmen und 1572–1608 König von Ungarn, begeisterter Kunstsammler.

Rudolph von Habsburg
* 1. Mai 1218; † 15. Juli 1291 in Speyer; 1273–1291 deutscher König.

Rumford (Reichsgraf von)
eigentlich Benjamin Thompson; * 26. März 1753 in North Woburn, Massachusetts; † 21. August 1814 in Auteuil, Frankreich; Offizier, Erfinder und Bastler; in Diensten des bayrischen Königreiches reorganisierte er dessen Militär, erfand eine haltbare, billige Verpflegung (Rumfordsuppe) und einen nach ihm benannten Ofen; gilt als der Begründer des Englischen Gartens in München.

Salentin von Isenburg
* 1532 auf Burg Isenburg bei Dierdorf; † 19. März 1610 auf Burg Arenfels; 1567–1577 Erzbischof von Köln.

Schenk von Nideggen, Martin
* um 1540 in Goch; † 10. August 1589 in Nimwegen; Söldnerführer (Warlord) im Achtzigjährigen Krieg.

Schiller, Friedrich von
* 10. November 1759 in Marbach † 9. Mai 1805 in Weimar; Dichter und Historiker, ab 1789 Professur für Geschichte in Jena.

Schlageter, Albert Leo
* 12. August 1894 in Schönau im Schwarzwald; † 26. Mai 1923 bei Düsseldorf; Offizier im Ersten Weltkrieg, Angehöriger des Freikorps von Loewenfeld im Ruhrkampf; Widerstand gegen die Besetzung des Ruhrgebietes durch das französische Militär 1923, Heldenverehrung durch die Nazis.

Schock, Rudolf
* 4. September 1915 in Duisburg; † 13. November 1986 in Düren; Opernsänger, Tenor.

Schulz, Siegfried
* 29. Dezember 1870 in Schwedt/Oder; † Dezember 1942 in Berlin; Offizier und Führer des nach ihm benannten Freikorps, das den Kapp-Putsch unterstützte und im Kampf gegen die „Rote Ruhrarmee“ ein Blutbad anrichtete, vornehmlich in Mülheim und Oberhausen.

Sgrooten, Christian
* um 1525 in Sonsbeck; † 13. Mai 1603 in Kalkar; Maler und Kartograph.

Siegfried von Westerburg
* [?]; † 7. April 1297 in Bonn; 1275–1297 Erzbischof von Köln.

Sophia von Gleichen
* um 1420; † 5. August 1487; 1459–1487 Äbtissin des Stiftes Essen.

Spee, Friedrich (von)
* 25. Februar 1591 in Kaiserswerth (Düsseldorf); † 7. August 1635 in Trier; Jesuit, Verfasser von theologischen und moraltheologischen Schriften, anonym veröffentlicht: „Cautio Criminalis"; Dichter von Kirchenliedern, unter anderem „Zu Betlehem geboren".

Spee, Maximilian Reichsgraf von
* 22. Juni 1861 in Kopenhagen; † 8. Dezember 1914 im Südatlantik; Marineoffizier, fiel zusammen mit seinen Söhnen in der Seeschlacht gegen die englische Flotte bei den Falklandinseln.

Steinbart, Quintin
* 9. Februar 1841 in der Mark Brandenburg; † 5. Juni 1912; Schulleiter der Realschule und des späteren Realgymnasiums Duisburg (heute Steinbart-Gymnasium) 1875–1907.

Stinnes, Clärenore
eigentlich Clara Eleonore * 21. Januar 1901 in Mülheim an der Ruhr; † 7. September 1990 in Schweden; deutsche Rennfahrerin; fuhr 1927–1929 in einem serienmäßigen Auto um die Erde,

Stinnes, Hugo
* 12. Februar 1870 in Mülheim an der Ruhr; † 10. April 1924 in Berlin; deutscher Industrieller und Politiker.

Stöckmann, Wilhelm
am 2. Mai 1801 getauft in Styrum (Mülheim); † nach 1863; Ökonom und Besitzer der Zeche Roland in Dümpten (Oberhausen), schenkte der späteren Stadt Oberhausen ein Marktplatzgrundstück.

Stosch, Günther von
* 29. Mai 1893 in Grünberg; † 23. März 1955 in Essen; Nazi-Politiker; u. a. 1935–1941 Bürgermeister der Stadt Bottrop.

Suitbert
* um 637; † 713; angelsächsischer Missionar und Heiliger, gründete das Kloster Kaiserswerth.

Tacitus, Publius Cornelius
* um 58 n. Chr.; † um 120; römischer Historiker.

Talleyrand, Charles-Maurice de
* 2. Februar 1754 in Paris; † 17. Mai 1838 in Paris; französischer Diplomat, er vertrat u. a. die französischen Interessen auf dem Wiener Kongress 1815.

Theoderich
* 451/56 in Pannonien; † 30. August 526 in Ravenna; 511–526 König der Ostgoten, auch der Große genannt; er ist der Dietrich von Bern in der Nibelungensage.

Theophanu
* ca. 960 in Konstantinopel [?]; † 15. Juni 991 in Nimwegen; seit April 972 Ehefrau Ottos II., 983–991 führte sie die Regierungsgeschäfte.

Thoma, Dieter
* 11. April 1927 in Paderborn; † 5. Mai 2017 in Köln; Journalist und Moderator der Radiosendung „Das Mittagsmagazin".

Thorbeck, Otto
* 26. August 1912 in Brieg, Schlesien; † 10. Oktober 1976 in Nürnberg; Jurist und Nazi-Richter, seit 1941 oberster Richter beim SS- und Polizeigericht München.

Tourneau, Wilhelm
* 14. November 1794 in Duisburg; † 1. Februar 1860 in Sterkrade; Bürgermeister und Amtmann von Kirchhellen 1816–1853, Bürgermeister und Amtmann von Bottrop und Osterfeld 1821–1851; er verfasste eine Chronik beider Dörfer, in der alle wesentliche Dinge, die vor seiner Amtszeit geschehen waren, gesammelt sind.

Trautmann, Bert
* 22. Oktober 1923 in Bremen; † 19. Juli 2013 in Spanien; Torwart, 1949–1964 bei Manchester City.

Turek, Toni
* 18. Januar 1919 in Duisburg; † 11. Mai 1984 in Neuss; Torwart der Weltmeistermannschaft 1954.

Tusnelda
* um 10 v. Chr.; † nach dem 26. Mai 17; Tochter des Segestes und Ehefrau Hermanns des Cheruskers.

Varus, Publius Quintilius
* 47/46 v. Chr. in Cremona; † 9 n. Chr.; römischer Feldherr.

Veleda
* um 50; † nach 80; germanische Seherin vom Stamm der Brukterer zur Zeit des Bataveraufstandes.

Vespasian
* 17. November 9 n. Chr. in Falacrinae; † 23. Juni 79 in Aquae Cutiliae; 69–79 römischer Kaiser.

Wassenberch, Johann
* 12. September 1454 in Duisburg; † 1517 [?] in Duisburg; Geistlicher; schrieb eine Chronik, in der er über Ereignisse zwischen 1474 bis 1517 berichtete.

Watter, Oskar Freiherr von
* 2. September 1861 in Ludwigsburg; † 23. August 1939 in Berlin; Generalleutnant der Reichswehr, kommandierender General der Reichswehrtruppen, die den Ruhraufstand gegen den Kapp-Putsch 1920 niederschlugen.

Wenge, Clemens August Freiherr von der
* 22. September 1740 in Dreiborn; † 9. Mai 1818 in Münster; Generalleutnant und Kommandierender General der münsterschen Truppen in den Freiheitskriegen.

Wenge, Franz Ferdinand Lambert Nicolaus Freiherr von der
* 1707 in Stoppenberg (Essen); † 1788 in Schonnebeck (Essen); seit 1736 Domkapitular des Hochstiftes Münster und seit 1765 Kanoniker des Kollegiatstiftes St. Mauritz bei Münster; Begründer der 1754 gebauten St.-Antony-Hütte in Osterfeld (heute Museum in Oberhausen).

Wilczok, Ernst
* 30. August 1922 in Bottrop; † 4. März 1988 in Essen; er war von 1949–1961, von 1964–1974 und von 1976–1988 Oberbürgermeister der Stadt Bottrop.

Wilhelm II.
* 27. Januar 1859 in Berlin; † 4. Juni 1941 in Haus Doorn, Niederlande; deutscher Kaiser 1888–1918, Marinefanatiker und passionierter Nordlandtourist (Norwegen); mitverantwortlich für die Katastrophe des Ersten Weltkriegs, emigrierte nach der Abdankung in die Niederlande, wo er sich dann vorrangig beim Holzhacken ablichten ließ.

Wilhelm von Holland
* 1228; † 28. Januar 1256 in Holland; 1234–1256 Graf von Holland, 1248–1256 deutscher König.

Wilhelm von Oranien-Nassau
*14. November 1650 in Den Haag; † 8. März 1702 in London; 1672–1702 Statthalter der Niederlande und als Wilhelm III. 1689–1702 König von England, Schottland und Irland.

Willibrord
* um 658 in Northumbria (England); † 7. November 739 in Echternach; Missionar und Heiliger; noch heute pilgert man zu seinem Grab mit einer Springprozession.

Winterfeld, Luise von
10. Juni 1882 in Metz; † 21. Juli 1967 in Dortmund; Historikerin und 1916–1950 Leiterin des Stadtarchivs der Stadt Dortmund.

Wirich VI.
* um 1542; † 11. Oktober 1598; Ritter, Herr von Broich (Mülheim), Vertreter des Protestantismus, von den Spaniern ermordet.

Wulfila
* um 311; † 383 in Konstantinopel; erster Bischof der Goten, übersetzte die Bibel ins Gotische, wofür er eine Reihe von neuen Buchstaben entwickelte.

Ziegler, Karl
* 26. November 1898 in Helsa; † 11. August 1973 in Mülheim an der Ruhr; Chemiker, ab 1943 Leiter des Max-Planck-Instituts (vormals Kaiser-Wilhelm-Instituts) in Mülheim, entwickelte ein Verfahren zur massenhaften Herstellung von Kunststoffen, Nobelpreis für Chemie 1963.

Zimmermann, Herbert
* 29. November 1917 in Alsdorf (bei Aachen); † 16. Dezember 1966 in Hamburg; Radio-Sportreporter.

Zwentibold
* 870/871; † 13. August 900; 895–900 König von Lotharingien.